Josef Neubauer - Schwarze Stücke

CIP-Titelaufnahme der Deutschen Bibliothek

Neubauer, Josef:
Schwarze Stücke / Josef Neubauer. - London; Worms: The World of Books, 1988
ISBN 3-88325-413-4
NE: Neubauer, Josef: (Sammlung)

Titelgestaltung: Prof. J.P. Perz, Wien

Josef Neubauer

Schwarze Stücke

Dichtungen

The World of Books Ltd.

Himmelfahrt
1932

Dieses Gedicht ist anläßlich einer wahren Begebenheit entstanden (25. Mai 1932).
Der Zeppelin Macron riß sich bei einem Sturm vom Ankermast in Lakehurst los und riß zwei Mann hoch, die an den Bergungsarbeiten beteiligt waren. Einer von den beiden fiel sofort in die Tiefe, der zweite hielt sich sechs Stunden lang in der Luft, bis man des Luftschiffes Herr wurde.

Aufspritzt Gischt der Schreie,
Nacht hockt schwer.
Windbrauts wüste Lieder
Fetzt in jede Reihe
Menschen, um das Tier zu fangen.
Hundert Hände langen,
Greifen hundertmal ins Leere.
Wut der Menschenzwerge
Wächst wie Berge
Aus dem Land.

Schweißbetaute Gesichter,
Larven werden's, heiß und gierig.
Lichter kreuzen wie Monde,
Finden keinen Boden,
Da im tanzenden Wirbel.

Sich bäumend liegt
Drei Tage unbesiegt
Der Zeppelin.

"Fangt mich, fangt mich!" schreit sein
glatter Bauch,
"Ich fürchte, an eurem Steinhaufen zu
zerschellen!"
Die Propeller im Winde bellen
Und hetzen und schrein:
"Fangt mich ein!"

Hundert Mann greifen ins Leere.
Hei! Was ist das ein höhnischer Tanz!
Auf der silbernen Mähre
Sitzt der Teufel.
Da - ein Schreien, ein Johlen,
Scheinen ihn doch herunterzuholen.
Haben ihn! Fünfzig Mann hoch,
Fünfzig Mann mit ihrem Gewicht
Zerren und liegen gequält
Schief übern Boden.
Arme gespannt,
Jede Hand
Fühlt den Schmerz,
Zittert in letzter Gewalt.
Fersen stampfen in die Erde sich ein
Wie die Hufe wollüstiger Pferde.
Wieder ein Stoß! Die verfluchte Bö!
Zeppelin rast, will in die Höh'.
Schleift sie über die Erde hin.
Was ist noch der Fünfzig Gewicht?
Aus, sie können nicht mehr,
Atem bricht.
Aufspritzt Gischt der Schreie,
Zerfetzt vom Sturm.

Sie können nicht mehr,
Das Biest will zerschellen!
Es rast durch die Stirne
Der Kampf der Sekunden:
Element gegen Hirne!
Los! Nein! Er war doch unser!

Dann fährt er zum Himmel,
Der silberne Geist.
Ein Schrei zerreißt
Die Stille.
Wie ein Knoten auf bäumender Knute
Fliegt ein Mensch mit.
Da heult das Entsetzen,
Sie hetzen
Über den Platz;
Ein Angstschrei:
Was Luftschiff,
Was Wert,
Was Pflicht!
Ein Mensch,
Ein Mensch fliegt mit!

Ihm schlägt eine Keule ins Gesicht,
Es kracht und reißt ihm die Arme aus.
Er zappelt und bringt keinen Laut heraus,
Die Lunge sticht.
Ein Sausen erfüllt sein Gehirn.
Dann kurz der Gedanke: Loslassen,
Solange es noch zehn Meter sind!
Dann aber will ihn Grauen erfassen,
Und Reu' durch den zuckenden Leib rinnt:
Jetzt sind es hundert,
Dann deren zwei - -

Der Himmel schwarz, ein Schatten drin,
Der Zeppelin.
Und unten die Erde, ein Schluchzen drin:
Der Zeppelin!

Er schlingt sich das Seil um den Leib.
Die Beine schlendern verloren.

Die Erde ist fort,
Der sichere Ort,
Wo man Bein neben Bein stellen kann.

Der Wind läßt nach.
Das Zucken verebbt.
Versucht die Hände zu falten.
Er kann's nicht, halten,
Nur halten muß er sich.
Aus Wolkenloch sickert ein Stern,
Und Gott ist fern, so fern.
Versucht die Hände zu falten,
Er kann's nicht, halten - -

Scheinwerfer stechen ein Loch in die Nacht,
Kegel gähnt, ein goldener Schacht.
Schreit nach dem Licht.
Kommt von der Erde.
Die liegt unten in Ewigkeit.
Es fehlt ein Stück von seinem Herzen:
Weit unten, weit - -

Verläßt ihn die Kraft?
Die nächste Minute wird's bringen.
Zwingen, schreit's, zwingen!
Es geht nicht,
Es geht nicht!

O Schmerz nur, wahnsinniger Schmerz
Reißt ihm heraus das klopfende Herz.
Die Zähne schreien hellauf!
Der Kopf fällt zurück,
Ein Blick noch hinauf.
Der Zeppelin rast.
Eine Hast
Befällt ihn:
Laß - ich - los - -

Seine Kinder sitzen auf einer Wolke,
Lächeln ihm zu.
Sein Weib ist unten die Erde,
Schwarz und schwanger.
Wolken können nicht halten.

Sturm wieder.
Grauen wieder.
Schmerz wieder.

An den Händen häng' ich und wart' auf die Schwächen,
Meine Finger werden brechen,
Meine - -
Hält den Kopf wie ein Gehenkter.

Die Meute, die unten zum Himmel plärrt,
Zerrt ihn hernieder, den Zeppelin.
Der Sturm ist versickert.
Schrei: Haben ihn!

Er steht vor ihnen.
Er fällt zusammen.
Er wühlt im Gras.
Erde, Erde,
Schreit sein Schluchzen:
Erde!

Das kleine Balladenbuch

Die Ballade von der vergeblichen Liebe

Glauben Sie nicht, ich kenne Sie nicht,
Ich kenne Sie schon und gut.
Ich kenne Ihr reizendes Gesicht
Und den schlanken Hals, auf dem es ruht.
Glauben Sie nicht, ich wüßte nicht, wer
Und woher und wie alt Sie sind.
Das alles interessiert mich doch sehr,
Und schließlich - ich bin doch nicht blind!
Doch nicht dies Zähnefletschen
Und nicht dies Augenrollen
Und nicht dies Ha!-Entsetzen
Und nicht dies Fliehenwollen.
Und nicht das kalt-abweisende,
Abspeisende
Danke.
Vielmehr das zierliche,
Ganz manierliche
Bitte!
Und wenn Sie heute nicht können, nicht wollen,
Nicht dürfen, ich warte
Auf ihre geschätzte Rohrpostkarte.

Glauben Sie nicht, ich hätte kein Geld;
Ich habe nicht viel, doch genug.
Was braucht man denn schon auf dieser Welt
Für so ein bißchen Betrug.
Fragen Sie nur ganz einfach: Wieviel?
Ich denk' mir nichts Schlechtes dabei.
Und schließlich - wir haben das gleiche Ziel
Und schwärmen nicht mehr vom Mai.
Doch nicht das Würdig-Spielen
Und nicht das Schultern-Werfen
Und nicht auf Ehre zielen
Und nicht die Tugend schärfen.
Und nicht das abwendende,
Scheinblendende
Danke.
Vielmehr das beschauliche,
Äußerst erbauliche
Bitte.
Und wenn Sie heute nicht können, nicht wollen,
Nicht dürfen, ich biete
Für einige Monat', wenn's schlecht geht, die Miete.

Glauben Sie nicht, wenn's einmal auch aus -
Ich bin kein Freund von Skandal -
Daß ich dann schreie Zeter und Graus.
Das wär' mir doch selber nur Qual.
Das Leben ist ernst, das wissen Sie auch,
Drum ist Ihnen Schönheit gegeben.
Wer immer nur lebt nach Sitte und Brauch,
Verliert auch dies wenige Leben.
Und sie ist klug gewesen
Und ist auch keusch geblieben.
Ihr sanftes gutes Wesen
Hat ihn von ihr getrieben.
Er wollte doch wissentlich,
Sehr geflissentlich
Körper.
Sie gab ihm auch, Rarität,
Als Körperparität
Seele.
Und weil sie nicht konnten, nicht wollten,
Nicht durften, so haben
Sie sich aufgehängt und wurden schäbig begraben.

Der Durchgefallene

Ich stand vor einer Prüfung, Prüfung ist alles,
Zerfasrung, Zergliedrung des einzelnen Falles.
Da ließen einfach die Nerven aus.
Man sagte mir höflich: "Gehn Sie nach Haus."

Wie das den Leuten so einfach scheint.
Ich hab' zu Haus eine Mutter, die weint -
Wenn der Vater zetert und rast
Und höhnisch schreit: "Daß du des net waast!"

Im Wasser tänzeln die Lichter, die hellen,
Ein Windstoß kräuselt das Wasser zu Wellen.
Ein Windstoß bin ich. Es ist doch schon spät.

Hab' gestern gebangt, wie heut es gerät,
Und heut denk' ich, wie glücklich ich gestern war
Und vorgestern und zu Weihnacht vor einem Jahr.

Glücklich? Das ist so ein leerer Klang.
Wenn ich einmal für morgen nicht bang',
Ist das Glück?
Was ist Glück? "Erinnern Sie sich doch eines Falles!"
Wie eine Prüfung - und Prüfung ist alles.

Die schnöde Ballade

Die schnöde Ballade will ich singen
Von der Verlegenheit, die mich total befällt,
Will mein Verhältnis ich ins Reine bringen,
Das mich verbindet mit der Welt.
Ich baute einst auf alle Wissenschaften,
Hielt die Gelehrten hoch und Göttern gleich,
Bald sah ich ein, daß sie nur Formeln rafften.
Drum floh auch Luzifer das Himmelreich.
Dann setzt' ich stracks auf alle Vaterländer,
Aufs eigne und wo fremder Sold mir winkt,
Doch so ein Held ist wie ein Sechzehnender,
In dessen Brust die erste Kugel dringt.
Dann schrie ich hoch auf alle Proletariate,
Er demonstrierte den Acht-Stunden-Tag:
Man band sich um bald die Silkkrawatte
Und war für Krieg und für den ersten Schlag.
Doch was mir blieb, das waren meine Kinder,
So glaubt' ich es und strengte mich auch an,
Ich wurde so ein rechter Menschenschinder
Und sammelte, was halt ein Leben sammeln kann.
Doch diese Kinder waren plötzlich Fremde,
Sie gingen fort und hatten keine Zeit.
Jetzt steh' ich da, in meinem Leichenhemde,
Und sing' von der Verlegenheit.

Die Ballade von den letzten Kriegstagen

Seit einem Jahr schwimm' ich in einem grauen Meer.
Schwarz ist der Himmel und immer sternenleer.

Langsam schon küßt mir die Schwäche Stirn und Haar.
Wann werd' ich versinken? Bald? In einem Jahr?

Manchmal fliegt der Mond durch die Wolken, silbern fließt
Sein tröstender Schein auf die Woge, die mich übergießt.

Oh, Stunden der Hoffnung! Dann aber ist, ich weiß nicht wie lang,
Nacht, Nacht - und Kampf mit der Tiefe und immer so bang.

Mein Mut zerbröckelt, Krampf stößt Gift ins Herz,
Da gibt es Stunden, da lass' ich mich sinken - himmelwärts?

Aber dann reißt mich wieder eine grelle Stimme in Brand:
Land! Land!

Land? Schwimm' im grauen Meer schon ein Jahr,
Gib mit deinem Mund, Erde. Träum' ich denn? Traum?

Langsam schon küßt mir die Schwäche Stirn und Haar.
Bald wird nichts mehr sein. Nichts mehr. Schaum.

Soldatenlied *(1931)*

Wir schlagen uns tot,
Das Kleid färbt sich rot
Vom Blut, das wir gerne vergießen
Für Gott, Kaiser und Vaterland
Und allerhand andern Tand.
Dort scharrt man einen Jungen ein,
Der hat zu lieb gehabt sein Mütterlein.
Er lief davon,
Man schoß ihn tot,
Und draußen brennt der Morgen rot.
Wir grinsen dumm und schultern das Gewehr.
Wer kann uns helfen? Wer?

Und wenn es aus
Und wir nach Haus
Mit schlappen Gliedern ziehen
Zu Gott, Kaiser und Vaterland
Und allerhand
Anderm Tand,
Dann werden wir die Stärkeren sein;
Die andern sind verhungert und allein.
Dann morden wir ums liebe Brot,
Und draußen brennt der Morgen rot.
Wir grinsen dumm, wir gaben alles her.
Wer gibt's zurück, wer fehlt uns? Wer?

Primanerliebe *(1931)*

War ein feines Bürgermädel
Und ein schneidiger Student,
Hatte einen deutschen Schädel,
Zigarette, welche brennt.
Manchmal einen kleinen Rausch,
Den er grölend in sich selbst verschluckte.
Kappe, die er gerne trug,
Kühn war sein Gedankenflug.
Hatte alles, was so Vorzug heißt:
Eines fehlte ihm: der Geist!

Haustor, Liebe, Kneipe, Küsse,
Alles in der Frühlingszeit,
Und der Frühling war so süße,
Und die Herzen waren weit.
Sprach kein Wort, der Held ist stumm,
Schmachtend flog die Locke aus der Wange.
Kappe schob sich rückwärts dann:
Habe alles, was so Vorzug heißt.
Heut macht man alles ohne Geist!

War ein feines Bürgermädel
Und ein schneidiger Student.
Bracht' die Maid nicht aus dem Schädel,
Und in ihr die Liebe brennt.
Leben nimmt die beiden her,
Finden dieses dann banal und blöde;
Kappen sind doch wertlos dann.
Ohne Kappe keinen Mann:
Lieben alles, was so Vorzug heißt,
Eines hassen sie: den Geist.

Trieb ist Schmutz und Trieb ist Schande,
Unsere Väter meinten so,
Und im glänzenden Gewande
Mordet er uns sowieso.
Manchmal einen kleinen Rausch,
Morgen dann moralisch und gemein.
Mehr zu leiden, keinen Zweck.
Oh, wir haben's weg:
Unsre Väter, alles, was so Vorzug heißt.
Uns fehlt nur der Geist.

Chanson *(1931)*

Sie brachte erst ihr Kleid in Ordnung,
Dann aber sagte sie geschwind:
Meint ihr vielleicht, es sei was geworden?
Glaubt ihr, ich krieg' ein kleines Kind?
Ach nein, da täuscht ihr euch;
An so was geh' ich gar nicht ran:
Fragt meinen Nachbar, meinen Chef und meinen Mann:
Die werden sagen, was ich kann.

Was wißt ihr denn von diesem Leben,
Was wißt ihr denn von seinem Glück?
Hat irgendwer euch Lust gegeben?
Ja, Lust, und brach sie euch 's Genick?
Jawohl, ihr habt es nicht,
An so was geht ihr gar nicht ran:
Der Rausch, die Nacht, der dumme Mann:
Ihr wißt ja gar nicht, was man kann.

Sie brachte erst ihr Kleid in Ordnung;
Dann aber nahm sie schnell Lysol.
Sie wand sich im Spital, und morgen
Ist wieder mal ein Leben voll.
Ach nein, da täuscht ihr euch,
An Leiden ging sie gar nicht ran.
Die Lust hat sie gemordet und der Mann.
Und der sagt: Erst - - und dann?

Das Herz im Schatten

Ballade von einem törichten Mädchen und einem schwachen Subjekt

1938

Der Polizeibericht meldet den Selbstmord eines jungen Mädchens, das als Diebin gesucht wurde. Es hatte in einem Büro, in dem es beschäftigt war, aus der Kassa geschickt immer wieder größere Geldbeträge entwenden können.

Sie wurde nachweislich von einem Gauner erpreßt, der ein Verhältnis mit ihrer Mutter hatte. Er versprach, darüber zu schweigen, wenn er Geld bekäme. Der Vater des Mädchens war schwer herzleidend.

1

Das ist die Stadt mit ihren harten Augen:
Sie hält dich fest, bereit, dich auszusaugen,
Und gibt sich hin mit aller ihrer Pracht.
Wie lebst du einsam da in dem Getriebe,
Du hungerst hin nach Worten und nach Liebe,
Doch wie ernüchtert bist du stets erwacht.
Selbst eines frühen Abends Elfenbein
Ist so verrufen und so sehr gemein,
Als wär' die Sonne längst schon eingefroren.
Und gehst du langsam durch die Winternacht
Voll Fuselrausch im Abfall hingemacht,
Bist eine Münze, die man da verloren.
Nur wenn du manchmal in den Morgen schreitest,
Ernüchtert dir dann deine Lunge weitest,
Erscheint dir fern des Berges sanfter Bau.
Da bist du weit dem ärmlichen Gegacker
Und weißt, daß irgendwo ein Feld, ein Acker
Sich willig hingibt wie das Gras dem Tau.

2

Die Menschen richten hier sehr schnell und hart,
Und ihren Opfern bleibt kein Wort erspart.
Sie deuten jeden Zug mit Haß und Grauen.
Uns selber ziehn sie in die Raserei,
Beim Steinigen stehn wir in erster Reih,
Die ängstlich wir auf Gottes Mitleid bauen.
Doch jene draußen, die in Gärten sind
Und rechnen müssen mit Genäß und Wind
Bei ihren Früchten, die sie schwellend ahnen:
Sie können ziehen, was zu langsam treibt,
Und können schneiden, was zu krebsig leibt.
Sie gehn in anderen und festen Bahnen.
Doch hier, wo jeder blind den andren schlägt
Und niemand ist, der volle Früchte trägt,
Wo sich die Säfte zum Zerreißen stauen:
Da schlachten Menschen kalt und schnell und hart,
Und ihren Opfern wird der Schrei erspart,
Sie speien Blut, und übrig bleibt das Grauen.

3

Kein Schicksal bläst auf der Fanfare,
Und ihm zu Ehren tanzt man keinen Tanz.
Kein Ehrenhandel bleicht die jungen Haare:
Was wirklich tötet, heißt bei uns Bilanz.
Da hocken Greise in den Hinterstuben
Und rechnen mit den dünnen Spinnenhänden,
Gewärmt von ihren geilen Lästerbuben,
Und lassen, was nichts bringt, verenden.
Du stehst mit deinem kleinen Hoffnungsglauben
Verloren auf dem düstren Abstellgleise
Und schreist den Schmerz in eine Wand von Tauben
Und frierst dich tot bei dieser Lebensreise.

4

Erst sind's die Huren, die mich so erschrecken,
Und ihre Treiber mit den Fuchsgesichtern,
Daß sie das Laster nicht vor uns verstecken
Und sich noch brüsten mit den Diebsgelichtern.
Und dann die Alten, die im Wege stehen
Und in den Zimmern auf das Sterben warten,
Daß sie wie Staub aus alten Kleidern wehen
Und kalte Brüder sie im Gras verscharrten.
Die Narren schließlich mit der Seltsamkeit,
Sie schließen diesen Zug mit bittrer Trauer.
Ich sehe Tod und Teufel drüberreiten,
Und unten lieg' ich selber auf der Lauer.

5

So sah entsetzt ich damals meine Stadt:
Ein Ungetier, das keine Gnade hat
Und das die Luft mit ihrem Hauch verseucht.
Ich sah die Schläger an der Straße Rand
Und sah das Messer in der hagren Hand,
Und meine eigne Hand war kalt und feucht.
Jetzt weiß ich nicht mehr, wie dann alles kam
Und wer dies Schicksal in die Hände nahm.
Weiß nur, wie tief ich in den Abgrund fiel.
Ich sah mich rings von Unholden umstellt,
Und sah, wie nur Genuß und Gier und Geld
Für meine Brüder lohnenswertes Ziel.
Die Mutter ließ mich ziehn aus ihrem Bauch
In diese Stadt mit ihrem Todesrauch
Und ihren vielen leergeweinten Qualen.
Und manchmal trieb die Angst mich vor sich her.
Ich stolperte durchs dunkle Straßenmeer
Und fand mich erst vor großen Kathedralen.

6

Wie kostbar ist ein Menschenangesicht,
Ein Unschätzbares, und du ahnst es nicht,
Und was du schaust, es ist ein anderer Zug.
Denn erst, wenn du schon längst verloren hast
Den bleichen Stein, in Haar und Kinn gefaßt,
Kennst du den Abgrund zwischen Lust und Trug.
Erst nimmst du Augen, wie man Spiegel nützt,
Und Stirn als Wall, der den Gedanken schützt,
Damit er nicht so breiig überfließt.
Du nimmst des Mundes roten Lächelsaum,
Zum Kuß bereit, und du bedenkst es kaum,
Wie sehr die Liebe längst verraten ist.

7

Sie hatte eine Mutter ohne Scham.
So fiel ein doppelt Teil auf sie und nahm
Dem Kindesblick, was man so Einfalt nennt.
Der Vater war durch Arbeit müd gehetzt
Und lange schon im Lebensmark verletzt.
Die Mutter war ein Abend, welcher brennt.
Es konnte sein, wenn sie im Dunkel saß,
Daß sie des Mannes Ehr und Gut vergaß,
Auch ihres Kindes Lachen wurde Last.
Dann sah sie hin zu jenen dunklen Hügeln,
Wo Lichter lockten, und mit Nasenflügeln,
Die zitterten vor Sehnsucht, Trieb und Hast.
So kamen junge Heuchler angeschwirrt,
Wie rote Fliegen, taumelnd und verwirrt
Von dieses vollen Leibes reifem Most.
Dann biß ein Kind sich seine Lippen wund
Und weinte eine Nacht lang ohne Licht und Trost
Und fand vor Wirrnis weder Weg noch Grund.

8

Und Nächte kamen voller Lust und Wein,
Da dieses Kind den Weg mitging bis zur Neige,
Und war's auch zaghaft erst, verklemmt und feige.
Dann aber fühlten sie den kalten Stein
In ihrer Brust, der aus dem Herz gewachsen.
Und trunken war der Knecht auf Rad und Achsen.
Er hieb sie an, die Pferde ihrer Sucht.
Sie jagten hin wie Rappen gottverflucht.
Ein sondrer Saft durchfloß Gesehne und Gelenke.
Bis daß des Morgens Frost sie überfiel,
Da standen sie, verwaist und ohne Ziel,
Und standen da im Dämmer einer Tränke,
Verfahren, sinnlos, in der Kehle Feuer
Und voller Durst nach Ewigkeit und Nacht.
Und der mit Peitsch' und Fluch im Schlag gesessen
Und der Vergessen hieß, restlos vergessen,
Mit kaltem Blicke ist er aufgewacht.

9

Was bin ich selber denn auf diesem Markt?
Ein schwacher Wille, müd und eingesargt
In die vier Wände, die man Zimmer nennt.
Und hätt' ich die nicht, wär' ich ausgesetzt
Und Vagabund, der das Gebot verletzt,
Und bin doch weise, hab' ein Herz, das brennt.
Doch wie der Herr so gern zusammenfaßt
Nach seiner Willkür, auch was sich verhaßt
Und niemals finden kann aus innrer Not:
So brachte er dies kindlich Weib mir zu,
Schliff einen Stachel dann aus meiner Ruh'
Und ließ uns so allein, als wär' er tot.
Wir schlugen uns mit scharfer Worte Brand,
Und dennoch faßten wir uns Hand in Hand
Und wanderten, indes die Nacht verging.
Es war viel Regen und es war kein Trost,
Wir suchten Wärme und wir fanden Frost,
Weil sich der Herr vor unsrem Blick verhing.

10

In jedem Hause pfeifen Hungerratten,
Durch jedes Leben geht ein böser Schatten,
Und irgendeinmal hat er dich erreicht.
Was nützt dir das Gebet, daß er sich wende,
Das stumme Falten deiner kalten Hände,
Wenn er durch deine Stunden drohend schleicht.
Es kann auch sein, daß leise wie ein Grauen
Und wie ein böses Lächeln anzuschauen
Er kurz nur tritt in deines Lebens Kreis.
Doch sie verschlang er, und sie wurde weiß
Vor Angst. Doch damals war ich taub und blind
Und wie die Menschen, die so gierig sind,
Und dachte noch an Ende nicht und Leid.
Und dachte nicht an Lebensangst und Pein,
Und redete voll Glanz in sie hinein,
So sehr war ich voll Stolz und Eitelkeit.

11

Ich weiß, sie wartete auf einen Tag,
Der wie ein Kuß in ihren Sinnen lag,
Daß einer aus dem Dunkel zu ihr käme
Und spräch': "Dies ist nicht deine Art und Welt!
Komm, gib von dir, was deine Nacht vergällt."
Der sie so sanft bei ihren Händen nähme,
Sodaß der Sorge ekler Gallenschwamm
Zu Früchten würde, bloß von Druck und Damm,
Befreit der Atem aus der Seele flöge.
Sie wartete, wie ein Versiechter wacht,
Daß endlich doch der Rauch der Nacht
In unbekannte, ferne Himmel zöge.
Doch Hoffnung, Freund, ist ein verstecktes Gift,
Das für den Augenblick dein Leiden trifft,
Daß es erlahmt, denn sterben wird es nie.
Und hat dein Leib die Dosis erst verbraucht,
Dann schwärt es ärger. Düster überraucht
Von seinem Atem, zittern dir die Knie.

12

Und Menschen gibt es, die so häßlich sind,
Wie eines rohen, geilen Säufers Kind.
Und Masken tragen sie voll Glanz und Güte.
Sie treten vor den Irrenden mit Gier,
Durchtasten, fordern, werden frech und stier
Und brennen braun, wie Schauer, wie verfrühte.
Und wie der Egel jedes Blut, das taugt,
Aus rotdurchpulsten Adern gierig saugt
Und erst den leeren, schwachen Leib verläßt,
So trat denn einer vor das Mädchen hin.
Dem war der Mutter Girren sein Gewinn,
Und kalt und feige hat er es erpreßt.
Was nützt dir das Gebet, daß er sich wende,
Das stumme Falten deiner kalten Hände,
Wenn er durch deine Stunden drohend schleicht.
In jedem Hause pfeifen Hungerratten,
Durch jedes Leben geht ein dunkler Schatten,
Und irgendeinmal hat er dich erreicht.

13

Die Wirklichkeit, die kannt' ich damals nicht.
Ich nahm das Mädchen hin, ein Angesicht,
Ein Spiegel, der ein kleines Leben zeigt.
Zwar war wohl hie und da ein feiner Riß,
Aus mancher Stunde klang's wie Bitternis,
Man sieht sie auch zuletzt, jedoch man schweigt.
Und selbst die Klage wandelt sich zum Spiel.
Du spiegelst dich darin, sie ist dir Ziel,
Hier lebst du zweimal, wie es sich verlohnt.
Du nimmst des Mundes roten Lächelsaum,
Zum Kuß bereit, und du bemerkst es kaum,
Daß hier das Schluchzen eines Sterbens wohnt.
Drum sag mir nicht, dies sei dir wohlbekannt.
Das Antlitz ist ein fremdes, fernes Land,
In dem wir unser zweites Leben fristen.
Denn manchmal kommt ein Vogel ferneher,
Umkreist es lautlos, macht es tränenleer
Und fängt dann klagend an, darin zu nisten.

14

Des Tages Arbeit tun sie mit Verstand,
Vergeben leicht, und jäh sind sie in Brand,
Und nur ihr Lächeln scheint uns wie vereist.
Sie schauen auf mit flüchtigem Geäuge,
Und aus des klaren Halses harter Beuge
Erfühlen wir: Sie sind zutiefst verwaist.
Wenn du sie küßt, dann bleibt des Mundes Hauch
Auf ihren Lippen stehn wie zager Rauch
Und steigt nur langsam zu den Augen hoch.
Die aber können solches nicht vergelten,
Sie leben doch in kalten, andern Welten
Und bangen stets und fühlen nur das Joch.
Da kann es sein, daß aus Pupillenenge
Ein scharfer Strahl bricht, voller bittrer Strenge,
Der alles meistert, bis zum jähen Rand.
Daß sie ein Mädchen sei mit jungen Brüsten,
Mit vielen Wünschen und versteckten Lüsten,
Verrät allein das Zittern ihrer Hand.

15

Wem könnt' ein Einsamer auch Hoffnung sein?
Man glaubt ihm nicht, denn er ist nicht so rein,
Daß ihn nicht irgendwo der Dreck aufspürte.
Denn wen erlösen, dieses kann er nicht,
Er ist dasselbe lastende Gewicht
Wie jene, die die Korruption berührte.
Dem Nächsten helfen ist nicht ihre Art,
Sie haben niemals Schätze aufgespart,
Sie leben nurin schauendem Verschwenden.
Und stehn sie dann verstört vor ihrem Gott,
Dem kleinen, dem aus Angst gemünzt und Spott,
Ist, was verbleibt, nur Wahn in leeren Händen.
Und sie sind doch aus jenem Holz geschnitzt,
Für die nur gelten kann, was wer besitzt,
Und die sich mästen an dem Blut der Herde.
Nur eigne Not trägt tieferen Bescheid
Als dieses billige und blasse Leid,
Das uns so sehr verwirrt auf dieser Erde.

16

Ich schweige, Mädchen, schweige wie der Tod,
Daß sie den Mund mir und den Körper bot,
Daß ich sie nahm, wie alle ich genommen.
Und da es hochfuhr, lächelte sein Mund,
Und seine Geste wurde weich und rund,
Und seine Stimme sprach von Gleiten und Verkommen.
Des Mädchens Augen wurden trüb und grau
Und blind von diesem zynischen Geschau.
Er redete noch lang vom Geiz der Welt.
Doch seine Hände, die so spinnenfein,
Wie seine Augen lüstern und gemein,
Sie sprachen andre Silben, und sie hießen Geld.
Nicht weil sie Heimat hatte, einen Raum,
In diesem wohnte ihre Sehnsucht kaum,
Ging sie ins Netz mit ihrem schlanken Leib.
Doch weil sie hinter Scham und roter Schande
Den Frieden suchte und in diesem Lande
Die andere Liebe wollte zwischen Mann und Weib.

17

So blieb ihr schließlich keine andre Wahl:
Sie ging zur Kasse hin, ganz kalt, und stahl.
Sie gab dem Gauner, was er heiß begehrt',
Und stellte sich damit aus dieser Welt.
Denn sie vergriff sich doch an fremdem Geld,
Doch dieses war für sie schon ohne Wert.
Jetzt gab's kein Zittern mehr nach dieser Tat,
Und wenn der Gauner in ihr Zimmer trat:
Sie zahlte stumm so wie ein später Gast.
Sie lebte tot, fast wie ein Automat,
Der doch nur ein geborgtes Leben hat,
Sie ging im Traum und ohne jede Hast.

18

Die Abgefeimten sind an sich schon tot.
Der reife Mutterleib, der schwangre, bot
Sie dieser Welt wie schwarze taube Früchte.
Nur lichte Helden oder jene Zarten,
Die irgendwo auf Gottes Stimme warten,
Sie können sterben, andre sind Gerüchte.
Ich weiß, sie wartete auf diesen Tag,
Der rot wie Gold in ihren Sinnen lag,
Daß wie ein Nebel dieses Graun zerreißt.
Sie schluchzte ihm entgegen diesen Tagen.
Da käme einer, und er würde sagen:
Ich habe es vergessen, wie du heißt.
"Ich weiß nur, daß du bist und daß du gut
Und daß du Träume hast und Leib und Blut.
Komm aus der Wüste, wo dich Haß verdorrte."
Doch Hoffnung, Freund, ist ein verstecktes Gift,
Das nur ganz kurz dein schweres Leiden trifft.
Im Grunde aber bleibst du leer und findest Worte.

19

Und Worte töten, ärger noch als Stahl,
Begriffe sind wie Särge überall.
Nenn' ich sie Diebin, hab' ich sie gerichtet,
Für alle Zeiten, Schuld bleibt immer Schuld,
Und Seine Gnade nicht und Seine Huld
Hat dieses Dunkel jemals uns gelichtet.
Sie stahl! Von nun an war nur Lug und Trug,
Was böse Zeichen in ihr Leben schlug.
Und nur im Traum, in reinerem Gewande
Hab' ich ihr süße Hoffnung eingeflößt.
Sie atmete befreit und schien erlöst.
Und wachte auf, und übrig blieb die Schande.
Es blieb das Wort von meines Mundes Saum,
Das ich so leicht, ich fass' es heute kaum,
So leicht ihr sagte, grad so leicht trifft Stahl.
Ich kenn' die Schwäche, der ich unterlieg'.
Ich tötete so leicht wie tief im Krieg
Und lachte noch dabei, mein Freund: Sie stahl!

20

Du fragst, mein Freund, was hier in dieser Welt
Die Gier zu suchen habe und das Geld,
Warum dem Nächsten sich die Faust erhoben?
Ist so, als würd' nach sanftem Sonnenschein,
Wie grauer Sturm auf frühlingsgrünem Hain,
Ein gottverlassner Fluch herübertoben;
Und ist, als ob in einem Angesicht
Das Licht erlöschen wollte, alles Licht,
Als ob ein grüner Gifthauch drüberflösse.
Du freilich ziehst die schmalen Schultern ein
Und nimmst es so, wie's ist. Das tat auch Kain.
Du nennst es abgefeimt und böse.
Doch, Bösesein ist uns von Gott gelehrt,
Denn seine Gnade hat sich abgekehrt,
Und seine Milde ist uns doch gestorben.
Dir müßte einer kommen, andrer Art,
Der sich sein Wesen für dich aufgespart
Und den das Leben nicht schon längst verdorben.

21

Ich helfen? Nein. Und auch ein anderer kaum,
Die Mutter nicht, sie hängt doch selbst am Saum,
An Deinem Saum, zum Beten und zum Girren.
Und sie? Was setzt Du ihresgleichen aus?
Ein solch Geschlecht verliert den Weg nach Haus.
Was selbst nicht Glanz hat, muß sich doch verirren
In dieser Nacht, von Schatten überbrückt,
Die jede Hoffnung kalt und hart erdrückt
In dieser Stadt mit ihren Hungermienen.
Du freilich thronst am kühlen Wolkenrand
Und siehst nur Sonne über unserem Land
Und siehst sie nicht, des Leides Dienerinnen.
Und wenn Du eine tiefer unten schaust,
In Deinen Städten, so Du selber baust
Durch Deine Menschen, welche zu Dir beten,
Die aufschreit, wankt und stürzt an dem Gewicht,
Dann wendest Du Dein göttlich Angesicht,
Und Dein Gesetz wird ihren Leib zertreten.

22

Die Menschen richten hier sehr kalt und hart,
Und ihren Opfern bleibt kein Wort erspart.
Die deuten jeden Zug mit Haß und Grauen.
Uns selber ziehn sie in die Raserei.
Beim Steinigen stehen wir in erster Reih,
Wir, die wir lüsteten, den Gott zu schauen.
So brach ich selbst am ersten diesen Stab,
Den mir ein Schicksal in die Hände gab,
Denn ein Verdienst ist's nicht, geliebt zu werden.
Und weil ich feige war vor Rat und Tat,
Wie einer, der nicht Scham im Herzen hat,
So ging ich denn den breiten Weg der Herden.
Dann schlug ich sie mit scharfer Worte Brand
Und wich ihr aus, mit der ich Hand in Hand
Gewandert, als die erste Nacht verging.
Da war kein Segen, und da war kein Trost,
Ein Aufgedunsnes schrie in mir erbost,
Und sie trat ab, weil sich mein Blick verhing.

23

Ich schlief. Da war mir so, als ob der Tod
In unser Zimmer stiege. Eine bot
Dem grauen Meister den geliebten Leib.
Doch ohne Füße, Lippen wundgeschrien.
Und da auf einmal ich der Hagre bin,
Da fuhr ich auf und griff nach diesem Weib.
Sie aber war schon fort und bei den andern,
Die irgendwo am drübern Ufer wandern,
Und meine Stimme hörte sie nicht mehr.
Von diesem Reich, von dem wir nichts mehr wissen,
Erreicht uns nur ein Schatten: das Gewissen
Und keine Worte. Dieses Haus ist leer.
So wanderte sie hin mit bloßen Füßen,
Und nur ein Windhauch schien sie noch zu grüßen
Von einer Welt, in der sie tätig war.
Doch auch von dieser nahm sie nur das Raunen.
So ging ein kleines, längst vergessnes Staunen
Wie blondes Zittern durch ihr glattes Haar.

24

Ein Mensch erfaßte heute meine Hand.
Ich glaub' es nicht. Es muß des Rausches Brand
Gewesen sein, der töricht mich umgaukelt.
Was hätte einer denn mit mir geschafft?
Den Ekelblick nur kenn' ich, der mich gafft,
Wenn unter mir die weiße Straße schaukelt.
Ich hab' verspielt und war doch auf der Hut,
Ich sink' hinein in diese dunkle Flut,
Die eh und je die Herzlosen begraben.
Da mich die Nächste brauchte, war ich feig,
Da sie nach Tat schrie, wurde ich zu Teig,
Nun bin ich tot und für die Nacht zu haben.
Ein Mensch erfaßte heute meine Hand.
Ich glaub' es nicht, mich täuscht ein böser Brand.
O rinne netzend über meine Lippe.
Ich suche deine Hand nicht, Freund, ich such'
Die andre Hand, die löst mich von dem Fluch,
Die harte, weiße Hand von dir, Gerippe.

25

Da stehst du Kelch, gefüllt und schwer, gebaucht
Wie eine Frucht, von Reife überhaucht,
Voll funkelnder und fremder Süße.
Da stehst du, Mittler zwischen Sein und Schein,
Und hüllst in Nebel, was mich anficht, ein.
Voll Müdigkeit umschlingst du Kopf und Füße.
Nach deinem Rund, das andachtsvoll geschliffen,
Hat wahrlich keiner noch umsonst gegriffen,
Und wer dich leert, trinkt dies in sich hinein:
Was so umsonst, ist plötzlich sinnbegründet,
Und was verfahren, sich zum Ziele ründet,
Was du im Wirken suchtest, liebst du jetzt im Schein.
Und da wir schon so gern am Scheine spielen,
So gib uns du, nach dem wir gerne zielen,
Denn düster ist das Leben und verraucht.
Vielleicht ist auch, und seien wir nicht feige,
Ein Furchtbares in deiner letzten Neige,
Du Kelch des Lebens, wie die Frucht gebraucht.

26

Ich hab' ein Heim, das sind vier Wände Raum.
Der nimmt mich schweigend auf, den Leib, den Traum.
Ich atme drin und spreche nur mit mir.
Auch trinke ich und zieh' den Rausch herbei,
Der macht vor mir mich selber vogelfrei.
Dann rede ich mit mir, mit ihm, mit dir.
Den Nachbar, nein o nein, den kenn' ich nicht.
Wie kostbar ist ein Menschenangesicht.
Du rufst umsonst den Bruder Ferneher.
Ich hab' ein Heim, das sind vier Wände Raum,
Mein Bett, mein Graus, mein junger Lebenstraum:
Gestorben, tot und ausgehöhlt und leer.

Die erste Nacht

Eine Idylle

Hans und sein Gretchen wanderten froh den beschwerlichen Fußpfad.
Müdigkeit kannten sie nicht, die sportgehärteten Menschen,
Darum waren sie heiter und hielten schweifende Umschau.
Weit in nie gesehene Fernen tauchte ihr Blicken:
Berge an Berge sich drängend, dehnte sich weithin die Landschaft.
Dunkle Tannen, schneeig bekränzte, säumten den Pfad ein,
Felsen, die heute grau und regenverwaschen erschienen,
Deckte doch alles das Weiß des frischgefallenen Schnees,
Stahlblau beschattete Hänge und spiegelnde, glitzernde Eiswand.
All diese Schönheit ließ sie frohlocken des fröhlichen Winters.
Schlang sich ein Bächlein neben dem oft gewundenen Pfad hin,
Schien es so blau wie die Adern auf marmornen Stirnen,
Oder es trug das geschmolzene Gold der niederen Sonne,
Murmelte traulich, verlor sich wo unter den bergigen Wehen.
Kaum bewegte ein Lüftchen die schwerbeladenen Bäume,
Regte sich doch eins vom Hange herunter, so zeugte es Funken.
Tausend Kristalle belebten die Luft zum schimmernden Bogen.

Ruhig das Tal - und hätte nicht manchmal die splitternde Hacke
Eines Fällers geklungen, so meinte man, Schlaf sei gebreitet
Über dem goldenen, blauen, silbernen, strahlenden Mittag.
Als dann tiefer im Schnee die Spuren mählich versanken,
Schnallten die zwei an die Füße den lanzenförmigen Schneeschuh,
Und mit breitem, grätigem Muster erklommen sie keuchend,
Grade hinauf, verzichtend auf kräftesparende Windung,
Freiere Höhn, von wo sich auf andere Berge die Fernblicke dehnten.
Hag und Gezäun war keinerlei Hindernis für ihre Schritte.
Lag doch der Flaum schon brusthoch und deckte alles genügend.
Tiefer für sie versank da des Tales behütete Sohle,
Schärfer wurde die Luft und dunkler das Leuchten des Himmels.

Angelangt auf der Höhe, sah man ein gotisches Kirchlein,
Klein und zierlich gebaut und doch voll erhabener Würde,
Vielerlei Zierat und schneeverbrämt mit bläulichem Schatten,
Trug es wie köstliche Kleider, die Könige früher getragen,
Blühendes Maßwerk, spitzige Bogen schwangen sich aufwärts,
Wie die gelassenen Brauen der Heiligen, der es geweiht war.
Diesem strebten sie zu mit rotglühenden Wangen.
Als sie die Pforte erreicht, da blickten sie staunend zurück und
Sahen den Zauber des Landes und wandten sich schweigend zur Kirche.
Treten wir ein! Oremos! Kommet zu beten! Es sei so.
Schnallten die Bretter sich ab und betraten die eisige Stille.
Milder gestimmt der vernunftbesessene Jüngling, denn drückt' er
Leis nicht und zärtlich die Hand seiner feinempfindlichen Liebsten?

Schweigend standen die zwei eine zögernd rinnende Dauer.
Nur ein verhutzeltes Weiblein, den beinernen Rosenkranz betend,
Eingehüllt, daß nur ein mageres Näschen nach vorn sah,
Atmete auch die Luft wie die kräftestrotzenden Menschen.
Tief versunken die Alte, nah dem erlösenden Löschen,
Fern dem rackernden Leben, dem sie für Stunden entstiegen,
Stunden, die bald sich zur unergründlichen Ewigkeit dehnen
Sollten, die einmal uns alle verschlingt. So nahe dem Tode,
Bebten die Leiber der Jungen noch bar dem ewigen Fatum,
Das jedes Leben in sich birgt: Zeugst du, so zeugst du den Tod mit.
Jedes Leben ist frierender Abfall vom göttlichen Nichtsein,
Und diese andere Ewigkeit holt uns noch alle zur Beute.
Forschend betrachtete Hans die Züge des betenden Gretchens.
Fühlt ihr dies alles nicht besser als wir vernünftelnde Männer?
Warum betet ihr auf zu einem nicht faßbaren Gotte,
Während wir selber nur grübeln und grübeln und endlich verzweifeln?
Blendende Sonne umjubelte beide, als sie die Kirche
Ernster verließen. Sie spülte die düsteren Todesgedanken
Mit ihrem Strahlen davon und lockte schnell nach der Abfahrt.
Heia, wie heiter ging es dahin in stampfenden Bogen,
Nahe den Hütten vorbei und die schmiegsamen Wiesen hinunter.
Dies ist die Wollust, dachte sich Hans, und er lachte,
Als er die Schwere verlor und über die Wehen hinausflog
Und mit gebreiteten Händen dem Vogel gleich talwärts entschwebte.
Ikarus! Ikarus, schrie er - vermählte sich wieder der Schneespur,
Stemmte dann kurz voller Schwung und stand wie dem Boden entwachsen,
Weil ihm ein zögernder Schrei seines Gretchens Gelächter verheißen.
Wirklich fand sie im hitzigen Kampf mit der steileren Neigung
Und mit dem Gleichgewicht kein gepriesenes, rühmliches Ende.

Da, in der höchsten gebietrischen Not, verwendete listig
Sie den schwereren Teil ihres Körpers als schützende Bremsung.
Schreiend, zappelnd und japsend im strahlenden Weißen vergraben,
Rief sie den flinken Beschützer zu Hilfe, die Haare, die Brauen
Und auch das Näschen, die Ohren, das Mündchen voll pulvrigen Schnees.
Doch dieses Ungemach spornte vielmehr noch den sportlichen Eifer
Gretchens an, und bald gab ihr mutiges Laufen wohl nichts mehr
Jenem des Hans nach, und friedlich vergnügt und nah aneinander
Fuhren sie gern dem Dörfchen, das unten im Tal lag, entgegen,
Das mit den winzigen Häusern und mit dem einzigen Gäßchen
Traulich zur Einkehr verlockte, zur abendlich wohligen Wärme.
Doch noch war die Sonne nicht hinter den Bergen verschwunden,
Und ihr goldener Glanz verlockte sie nochmals zu steigen.
Um den Rucksack zu bergen, suchten zunächst sie ein Wirtshaus.
Freier wollten sie werden, und sicher der gastlichen Herberg',
Wollten die gläserne Luft sie noch kosten mit hungrigen Lungen
Und mit weitgeöffneten Nerven, denn schnell kommt der Abend,
Steht die Sonne so tief schon. Richtig, da sahen ein Schild sie
Mit der goldenen Schaufel, so hieß die gefundene Stätte.

Hans ging hinein, und Gretchen wartete draußen geduldig.
Leer war die gastliche Stube und dunkel und ohne Behagen.
Bläulicher Rauch stand in stinkenden Schwaden über den Tischen,
Unratsvoll war der Boden, die Gläser standen auf Tischen,
Eingetrocknete Ringe vom farbzerfressenden Moste,
Angefrorene, ungewaschene Fenster ließen
Kaum das erlösende Licht der kurzen Sonne ins Zimmer.

Hans erschauderte. Nur dran denken: Hier soll sein Gretchen ...?
Doch er blieb und rief den pflichtvergessenen Hausgeist.
Schläfrig trat dieser ein aus der hinteren Tür von der Küche,
Wischte die Hände sich ab an schmierig-fleckiger Schürze,
Sah von der Seite den Gast der ungewöhnlichen Stunde.
Fragte, mit heiserer Stimme, das Grußwort leise erwidernd,
Nach den etwaigen Wünschen und was dem Herren genehm sei.
In dem derben Gesichte der Magd klaffte ein Zahnloch,
Kauend war ihr Gerede, und Hans verstand sie zuerst nicht.

So lebt ein Mensch, eine Frau noch dazu, das dachte er traurig.
Ist doch die Magd im menschlichen Kurse so billig gemessen.
Früh wirst du altern und warst niemals jung und Mädchen gewesen.

Dann bat der Jüngling, ob nicht der Rucksack, bis wieder er käme,
Liegen könnt', dem beachtenden Auge erreichbar. "Geb's her ihn."
Sie übernahm das Gepäck und trug es hinaus in die Küche.
Hans ging ihr nach und besah sich den Raum, wo sich balgende Kinder
Auf dem schmutzigen Boden johlend vergnügten. Ein Alter
Saß versunken beim Fenster, verschrumpft, die Pfeife im Munde,
Manchmal schrill krächzend, weil er das Toben der Buben
Bremsen wollte, die nicht auf ihn hörten, und erst den
Fremden erblickend, zogen sie scheu sich zurück in das Dunkel.
"Wollen der Herr auch ein Zimmer?" so fragte die ärmliche Dienstmagd.
"Ja - das heißt - doch, jawohl, ein Zimmer." - "Soll ich bald heizen?"
"Ja - denn wir kommen in Bälde zurück, so etwa um fünfe -"
"Ah - die gnä' Frau - ein doppelbettiges Zimmer?" Ein dummes
Lächeln, es flog zur Tür hin und traf das harrende Gretchen.
Brennendes Rot auf den Wangen, verschwand sie im Nu von der Pforte.
Hans bestellte noch kräftiges Essen für abends, dann ging er.

Lange sprachen sie nichts, als sie wieder den Steilhang erklommen,
Gretchen erschreckt und bestürzt und Hans voll brennenden Ahnens,
Wagten sie kaum, sich unter die Brauen zu sehen, und seufzten.
Wie dann der Quell der munteren Rede sich wieder erholte,
Sprachen sie Worte, recht fern der aufgesprudelten Seele.
Als sie den dämmernden Waldrand erreichten, welcher die Wiese
Obenhin abschloß, tasteten leise die Blicke, verstohlen,
Nach den gleichen Gefühlen in des anderen wartendem Herzen.
"Heute fahren wir heim", so sagte Hans, und er küßte
Andächtig zart den kalten, zitternden Mund der Geliebten.
Oh wie bedrängnisvoll ist die Erwartung, und sei sie so schön auch.
Ängstlich fürchtet der Mensch die Gewalt der letzten Erfüllung.
Sei's auch zum Besten! So zögert er langsam mit stürmendem Herzen,
Bis ihn die wirkende Zeit plötzlich vor Tatsachen stellt.
Über die dunklen Treppen führte sie schwatzend der Hauswirt.
Lauernd fragte er dieses und jenes, mit schmeichelndem Blicke,

Wie ihnen wohl diese Gegend gefiele, und wo sie denn wohnten,
Und wieviel Kinder sie hätten, und wie lange sie schon - ach -
Doch die Liebenden schwiegen zu den lästigen Fragen,
Gaben nur einsilbig Antwort, sie waren jetzt tiefer benommen,
Drängte doch alles mit Macht nach dem ersten Alleinsein zu zweit.
Knarrend ging die erlösende Tür zum heimelnden Zimmer,
Wohlige Wärme flutete ihnen entgegen, und Gretchen
Trat als erste hinein mit zärtlich geröteten Wangen.
Ihr auf dem Fuße dann Hans, beleuchtet vom rötlichen Scheine,
Der dem kleinen eisernen Ofen flackernd entströmte.
Schmunzelnd sagte der Wirt, die eiserne Klinke noch haltend:
"Wünsch' gute Nacht! Wann wollen Sie morgen geweckt sein?"
"Oh, gar nicht.
Wir erwachen von selbst", so war die Antwort des Jünglings.
"So, dann kann ich ja gehn. Besondere Wünsche zu dienen?"
"Nein, gute Nacht." Das Wirtlein verschwand nicht ohne ein Lächeln:
Sie erwachen schon selbst? Ihr werdet die Nacht lang nicht schlafen.
Gretchen stand still am eisüberblumten Fenster, und leise
Näherte Hans sich der endlich so nah anvertrauten Geliebten,
Legt' um den Hals ihr die Arme und küßte, die glücklich erregt war.
Aber sie sprachen kein Wort. Was wären denn Worte gewesen?
Fremd noch wären sie niedergefallen, Verwirrung stiftend -
Langsam entledigten sie sich der Joppen, der eisigen Schuhe,
Sahen voll Neugier herum im neuerworbenen Heime,
Das wie ein Prunkgemach lieb ihnen war, obwohl es nur ärmlich
Roh und einfach gefügt, mit kleinen, vergitterten Fenstern.
In die Ecke gedrückt ein schwerer, massiver Kasten,
Vielerlei Schnitzwerk verriet sein wurmzerstochenes Alter.
Nackter Boden aus weichem, grobgefügtem Holze,
Sauber gerieben wohl, rauh den unbekleideten Füßen.
Auf dem kleinen, wackelnden Tische vertrocknete Blumen:
Immortellen, wie lange nicht hatten sie solche gesehen,
Immortellen, unsterblich knisternde Zeugen des Sommers,
Blumen des träumenden Alters voll feiner und zarter Erinnrung.

Ziehen den Sessel ganz nah an den Ofen und sinnen ins Feuer.
Fühlen der Gluten sinnerregende, schmerzliche Hitze.
Gretchen neigt sanft und ergeben den lockigen Scheitel, seufzt leise,

Hans umspannt der Geliebten Leib wie im Traum und küßt sie.
Unser erstes Daheim, so denkt er, schön ist es nicht,
Schöner doch, weil sie bei mir ist. Wie gern möcht' er reden,
Um die zögernde Last der schüchternen Stund' zu zerbrechen -
Flüchtig gedenkt er der Stunden voll Sehnsucht, die nutzlos vergangen,
Weil sich ihr Wunsch nach dem eigenen Raum nicht erfüllte.
Und nun ist's da, die Stunde, er will sie halten, genießen.
Folgt ihm das Weib neben ihm - oder werden erzogene Skrupel -
Wird sie den herrlichen Schritt als Schuldsein empfinden?
Finden die Lippen sich erst, dann reißt nicht der bebende Strom ab,
Wieder und wieder jagt er die züngelnden Flammen zum Herzen.
Leiber, sie winden sich selber wie Schlangen in der Umarmung,
Taumelndes Vorspiel ist nur, was wie Sturmwind jetzt nachfolgt.
Stehn sich nackt gegenüber, nur du mehr und du mehr, sonst nichts mehr,
Sinken vereinigt hinein ins noch kühlende Bett, das ersehnte,
Bis nach dem letzten seligen Aufschrei gelöst sie versinken.
Frost kommt dann leis in die Stube gekrochen, er lauerte draußen,
Und mit Sorgfalt bedeckt er den genossenen Leib.

Am Bauernhof

Nach einer Erzählung meines Vaters

ca. 1937

Schwer stampft sein Schritt über Diele und Flur.
Marie überläuft's, erschaudernd vor seiner Spur.
Steif tritt er herein, nimmt Wasser vom Becken,
Bekreuzigt sich schnell, die Geister zu schrecken.
Sein irrendes Auge flieht über den Raum.
Stumm wuchtet sein Leib, ein knorriger Baum.

Sie steht auf, einen Schritt
Ihm entgegen, mit
Flehenden Augen: Wo bist du?
So zeig dich doch einmal
Als Mensch, nicht als Qual!
Nicht immer die tropfende Ruhe verletzen,
Nicht immer mich jagen, in tiefes Entsetzen.
Wirf doch die Starrheit, die Maske ab.
Wo ich doch einen Menschen so notwendig hab'.

Wie er sie anblickt, von oben und kalt,
Reißt was in ihr - und ihre Gestalt,
Müde wird s', leer und ohne Gesicht,
Daraus manchmal ein gutes Lächeln bricht,
Irgendein Sinn, der immer noch hält - -

Wie seine Sucht auf das eine nur zielt:
Herrschen, nur herrschen in Stube und Stall,
Herrschen im Dorf und überall,
Also tragen die sehnsüchtigen Schultern des Weibs
Leidlast der Welt - -

Und spätfruchtenden Leibs
Hört eine Stimme im Herzen ihr auf,
Bröckelt ein Leben und rastet ein Lauf,
Sinkt eine Zärtlichkeit ohnmächtig hin.
Und in den Tränen stirbt ihr der Sinn.
Was dieses Leben zusammenfaßt,
Wird ihr verhaßt.
Die Kinder sind fort aus seiner Gewalt.
Und jetzt kommt noch eines.
Vielleicht ist es gut,
Besänftigt sein störrisches Blut.

Schweigend hantiert der Bauer mit Geld.
Achtet kaum auf und murmelt für sich.
Kehrt sich dann um und fragt sie: Du Weib!
Was stehst du herum? Fragt dieses und das,
Schafft ihr noch jenes, den Tieren den Fraß,
Schaut in die Küche und schmeckt wie ein Hund,
Lächelt in sich und schneuzt sich gesund.

Sieht da die Tränen in ihrem Gesicht:
Weib, warum plärrst du?!

> - - wenn alles auch brennt,
> schweigen, ich schweige, und haut er mich tot.
> Red doch! Was plärrst du?
> Alles an ihm fährt auf und bedroht.

Man hat sie gekuppelt bei Schnaps und um Geld.
Man hat ihre Betten nebeneinander gestellt,
Daß sie die Nächte in stumpfer Begier
Verbringen wie Tier neben Tier.
Er bändigt ein anderes Weib sich im Stall,
Die Bäuerin hört's schrein und erstickt in der Qual.
Der Himmel, der ihre Jugend verschönt,
Der stürzt ihr nieder. Sie weiß sich verhöhnt.
So lugt das Gesind' hinterm Bauer hervor,
Sie will dem Geschwätze verschließen ihr Ohr.
Und nur in der Stille, allein und im Traum,
Da spießt sie nicht auf der gottlose Baum.

Als sie sich fruchtenden Leibes gewahrt,
Stammelt sie leise für sich oft und lind:
Bewahr mir das Kind!

Manchmal bleibt stehen ihr eiliger Fuß,
Greift an den Leib sie, wo's regen sich muß,
Fühlt einen Trost, hört nicht mehr den Hohn,
Der um sie spritzt.
Ein Sohn, oh, ein Sohn!

Stark und verehrend der Mutter Gestalt,
Wild und voll Trotz in der Rache Gewalt,
Der vor sie träte, die zittert und weint,
Und zu ihr sagte: Zeig mir den Feind!
Der sie erhöhte - - -

So träumte sie oft,
Wie ein zerschlagenes Herz sich verhofft.
Verbarg's wie ein Schuldsein, das selbst sich bezicht.
Ich schweige, ich schweige, dem sag' ich's nicht.
Aber jetzt steht er da und schreit und ist harb:
Du! Was plärrst du denn, Weib? Heraus mit der Farb'!

Ein Kind, sagt sie leise und schüchtern und müd'
Und ist doch so zärtlich, so wie ein Lied.
Ein Kind? Da heult er auf.
Ein Fresser im Haus? Ein Schreihals?
Jetzt noch, du alter Brocken!
Sein Zug um den Mund
Verzerrt sich, Zornlicht
In seinen Augen. Er speit hämisch
Zwei Worte nur:
Von wem?
Fassungslos bleibt ein Herz stehen:
Von wem?
Fassungslos umkrampft ein Herz Entsetzen:
Von wem?
Du Fetzen!

Du Fetzen!
Wem hast du den lumpigen Leib hingeschmissen?
Wer hat den Hausfrieden mir beschissen?

Da steigt's in ihr auf - würgend und voll,
Heiß und schlagend der grimmige Groll:
Von wem?
Wer hat mich denn täglich im Rausche mißbraucht?
Sahst nie die Verachtung, du herzloses Schwein?
Du torkelnder Freier, du heuchelnder Christ,
Du erster beim Beten, du erster beim Mist,
Du fragst noch dein notgezüchtigtes Weib,
Geschunden, gemartert von deinem Leib:
Von wem?

Er antwortet nicht.
Er holt nur den Ziemer.
Sie steht wie ein Bild.
Schweigend in Haß.
Da reißt es ihn auf,
Als säh' er den Bösen,
Als müßt' er sich selbst
Vom Übel erlösen.
Und drischt auf sie ein,
Seine Augen voll Blut.
Sie wird weiß.
Schweigt, schweigt.
Er schlägt, schlägt.
Schweigt, schweigt.
Bricht zusammen.
Langsam, um sich selbst gedreht,
Fällt sie tief schluchzend in sich.

Mittag kommt langsam die Landschaft herauf.
Gesegnete Stille.
Wendet sich wieder zu neuem Lauf:
Der heilige Wille.

Geschundene Leiber flehen um Brot
Und leiern Gebete.
Tief im Herzen den Neid und den Tod:
Wer anders flehte!

Erlöse uns du, so wie auch wir
Den Schuldnern vergeben.
Herr, laß uns nicht in der täuschenden Irr',
Weck uns zum Leben.

Wecke uns auf mit der Glocke Klang
Und hilf du uns Armen.
Herr! Der das Fleisch und den Tod bezwungen,
Schenk dein Erbarmen -

Sie liegt noch am Boden, es rührt sich kein Laut.
Die schimmernden Wangen sind plötzlich ergraut.
Der Bauer am Tisch schaut düster und hart
Und blickt über die Schulter, er reibt sich den Bart.
Ein schleichendes Ticken - die Stille verspinnt's.
Die Zeit geht vorüber.
Die Hexe verdient's!
Dann hängt er den Strick auf den Nagel zurück,
Mit dem er gerufen das Heil und das Glück.
Über sein schuldbeladenes Haus
Hängt hoch ein zierliches Glöcklein hinaus.
Sein Stamm hat sei Jahren die ehrende Pflicht,
Am Mittag zu läuten, wenn dampft das Gericht,
Am Abend das Ave, wenn müde die Händ'
Und die Nacht sich mit dämmernden Schatten anlehnt.
Und am Freitag auch in der heiligen Stund',
Wenn unserm Herrn am Kreuze verblutet die Wund'.
So ruft er das Heil und den Müden die Rast.

Ich weiß, wie der Teufel, die Hexe mich haßt!
Der erste im Dorfe, der erste im Rat,
Preist noch im Herzen die wütende Tat.
Sie glaubt nicht, Marien, der Königin,
Sie hat einen harten, heidnischen Sinn,
Sie bringt mir noch Unglück,
Ereifert er sich,
Er fühlt der Angst eiternden Stich.
Sie lacht, wenn ich mich vorm Kreuze verneig',
Sie haßt mich, weil ich den Himmel hochsteig'.
Er sinnt sich von neuem in blutrote Wut
Und dünkt sich dabei erhaben und gut.

Draußen spricht wer im Hofe mit wem,
Dann polternde Hufe übern harten Lehm.
Dann ist's wieder leblos, dann ist's wieder stumm -
Zögernd ein Krachen, einer Fliege Gesumm.

Der Kopf wird ihm schwer, als wär' er voll Wein,
Er sinkt auf den Tisch. Der Bauer nickt ein.
Die Stirn auf der Linken, die Rechte liegt hart,
Durchs Zahnloch der Speichel rinnt über den Bart,
Der Atem ist feist.

Sie öffnet den Blick,
Dann sieht sie am Nagel den hanfenen Strick,
Dann schließt sie den Blick und brütet dahin,
Dann geht's ihr von neuem durch den quälenden Sinn:

Es gibt keinen Gott, es gibt keinen Herrn,
Es gibt keinen Vater im leuchtenden Stern,
Es gibt nur den Todfeind, mein Bein zu versengen,
Ich kann nimmer schrein, wo ging' ich denn hin?
Ich werde ihn hängen!

Ist ihm denn nicht alles zum Heuchelspiel gut?
Und niemand fährt in sein sündiges Blut.
Den giftigen Wurm zu zerreißen, zerdrängen?
Soll ich mich verneigen, erbärmlich und schlau,
Wenn ich mein' Untergang kommen erschau'?
Ich werde ihn hängen?

Ich hänge ihn hoch auf den heiligen Strick,
Daß er an der seligen Gnade erstick'.
Schau mich nicht an, o heiliger Christ,
Alles zu leiden, mein' Kraft nicht mehr ist.
Komm du Verfluchter, du sündiger Schaft,
Hilf mir mit deiner Luziferkraft:
Ich werde ihn hängen!

Sie erhebt sich vom Boden mit hungrigem Blick
Und greift mit harter Hand nach dem Strick.
Und zärtlich wie in der Hochzeitsnacht
Legt um die Gurgel den Strick sie ihm sacht,
Knotet die Schlinge und sieht ihn noch an
Und freut sich, wie sie ihr Werk getan.

Dann schleicht sie hinaus auf achtvollen Zehn,
Müht sich noch, leise über die Treppen zu gehn,
Schließt dann die Tür auf, tritt ein in das Licht,
Das durch den Turm in den Boden einbricht,
Nimmt dann den Strick und faßt ihn noch rauh,
Straffende Muskel -
Ich w a r seine Frau!

Ziehende Sehnen -
Ich hänge ihn hoch!
Von unten ein Aufschrei, der Strick geht durchs Loch.
Dann zappelt's, dann stockt es, hält fest und ist aus -
Jetzt bin ich allein, allein wer im Haus.
Sie zerrt an dem Strick:
Jetzt bricht sein Genick!

Da wird sie ein Atmen hinter ihr heiß gewahr,
Da fährt sie zusammen, da zittert sie gar,
Das reißt sie herum.
"Mein Weiberl, mein guts,
Ich seh' ihren Fleiß, was arbeiten tut's!"
Dann steht er vor ihr mit brennroter Stirn:
"Aufhängen will mich die gottlose Dirn?"
Dann lacht er, schlägt sich vor Lust auf die Knie.

Den Strick läßt sie fahren, ein Polterer -
Er lacht noch immer: Die Hanselbank hängt,
Ihr hölzernes Kinn hab' ich eingezwängt,
Die hölzerne Geis, die hast du erwürgt,
So lacht er noch immer.
Dann wird es totenstill - -

Die Blätter am Birnbaum überläuft es wie Frost,
Der Nachmittagshimmel wird drohend wie Rost.
Was hast du, o Gott, diesen Hieb getan
Und trenntest und feindest Weib gegen Mann?
Ein Klagen und Stöhnen, der Sturm bricht herein -
Was hetzt du sie auf so Bein gegen Bein?

Das Kind war geboren, und tot war das Weib.
Sie trugen mit Klagen hinaus ihren Leib.
Der Mann ist versunken, versoffen, ein Narr,
Verstarb in seinem vierzigsten Jahr.
Man hat sie gekuppelt bei Schnaps und um Geld,
Hat ihre Särge nebeneinander gestellt.
So kam ein Schicksal zu Ruh' und zu End',
Geheiligt werde das Sakrament!

Don Juan

Fetzen und Fragmente

1933

Ich lehre euch den Übermenschen

Nietzsche

1

Da entbrannte aus den niedern Tagen
Eines Menschen Sucht zu heißem Tun.
Brachte wieder Drachen alter Sagen,
Und sein Wahnwitz stört der Kleinen Ruhn.
Aus dem Schoße einer starken Erde
Stieg ein Herz, ein Hirn, ein Mut empor,
Kam in die verwaschne Gottgebärde
Kraft. Was Götze war, verlor,
Vertat sein Spiel auf silberseichtem Throne.

Der Neue stieg in jähem Flug
Empor, verfolgt vom Hohne,
Zutiefst sich nur dem eignen Ich genug.
Und was im eingefahrnen Gleise schlief,
Das bracht' sein Schritt aus der geraden Lage.
Und was gesichert war in jedem Herzen tief,
Das stellte er mit kühnem Schwung in Frage.

2

Er lachte
Und schlug dem Mitleid ins Gesicht
Und bracht' die schöne Welt
Aus ihrem Gleichgewicht.
Und da und dort
Ein Funke glomm und schwoll,
Ein Brand,
Da war die Welt des Loderns voll,
Aus jedem Land
Die Feuerhand.

Lebenshunger, Tanz, Rausch brach so
Wie eine Herde hungriger Wölfe ein.
Laut das Dröhnen der Sturmesglocken.

Er schlug den Festen ins Gesicht,
Trat in die glänzende Tafel voll Gerichte.
Umschlug er Heuchelglas,
Daß Scherben klirrend schepperten.
Trat auf die Kanzel voll bigotter Statuen
Und hetzte zum Aufruhr.

3

In einer blinden Nacht hab' ich ihrer Mutter
Die Augen eingedrückt,
Ihrem Vater den Wutdolch gezückt.
Sie aber lachte leise,
Nahm diese Tat auf sich.
Dann hab' ich sie verlassen,
Und sie verfluchte mich.

4

Ich suche die Augen, die nie ertrinken,
Ich suche die Lippen, die nie verdorren,
Ich suche den Leib, mit ihm hinzusinken,
Den Leib des Lebens, der Jugend Born.

Eine Wolke steigt meiner Sehnsucht hoch,
Ein Baum ist mein Wille nach Lust,
Ein Stein ist mein Herz dem Hintermir.
Mein Sang ein süßes Tönegewirr,
Mein Du ein verlorenes Ich.

So geh' ich und suche, werde nicht schwach,
Schreie im Schreiten die Schläfer wach,
Rüttle die Dumpfen und wecke sie auf,
Treibe sie an und bring' sie in Lauf,
Hisse mein Banner und färbe es grell,
Jage die Reihen und jage sie schnell,
Stürme und stürze und raste nie!

Wohin? Wohin? Was geht mich das an?
Hat je so gefragt, wer Reiche gewann?

5

Ich suche die Herzen, die nie veröden,
Ich suche die Stirnen, die nie verblöden,
Ich suche, ich Blattwender im Buche,
Ich such' - -

Trage ein Weib auf meinen Armen,
Welt klopft neben meiner Brust,
Schlangenleib ist Kette meinen Ehren,
Augen sind kostbare Steine drin.
Ich versinke im heißen Hauch ihrer Gier,
Schrei - -!

Geh! Tret' ich die heuchelnden Menschenkatzen.
Wald nimmt mich andächtig auf,
Höhle ist mir Kirche und Haus.

Schreit' ich dann einsam durchs schmale Gras,
Schwimmt meine ungestillte Glut
Über dem Nachttal.
Weck' ich den Widerhall,
Schrei' mir zärtliche Namen entgegen.

Irgendwo
Hinter mir fällt eine Welt ein.
Werden zwei Smaragdaugen
Trüb und gemein.

Was tut mir?
Mir Blattwender im Buch?
Ich such' - -

6

Braucht die Nacht ihn, weil sie rufet?
Soll den Fels sein Schreiten treten?
Warum irrt er stolpernd hoch?
Hastet er? Ist das sein Keuchen?
Seine Angst das, die er flieht?
Ist sein glühend' Auge irr?

Schluchten scheint er nicht zu sehen.
Stürze scheun ihn nicht bergab.
Eiswand bringt ihn nicht zum Stehen,
O, er zittert nicht vorm Grab.
Will den Mond er greifen, halten?
Will er selbst im Himmel walten?
Will den Himmel er erstürmen?
Will die Felsen er sich türmen?
Warum hastet der die Stufen?
Will er seine Sonne rufen?
Daß sie endlich ihm erscheine,
Zu versengen das Gemeine?
Hat man ihm den Tod gewoben?
Hat sich sein Gehirn verschoben?
Will man ketten ihn ins Joch?
Warum irrt er stolpernd hoch?

Auf der Rampe bleibt er stehen,
Wo er weit ins Land hinschaut.
Hebt die Hände, wie zu flehen,
Doch sein Lachen gurgelt laut.
Betet er? Was soll er beten?
Zu den Sternen, die ihm fremd?
Soll er lächelnd sich verneigen
Vor dem lichten Sonnenreigen?
Er ist doch ein Kraftvoll-Franker,
Nicht so ein todeszitternd' Kranker,
Dem schon das Gehirn vermodert.
Er brennt, er lodert!

Was ist Sünde seinen Augen?
Was ist Schand' von seinem Wort?
Ist was Ekel an dem Leibe?
Ist was stumpf in diesem Hirn?
Soll er dienend sich verneigen
Vor der Dumpfen Wahn und Spuk?
Soll sein heiliger Leib sich martern
Für die Freude, die er trug?
Steht jetzt und hebt die Arme,
Klopft sein Herz ihm heiß und wild,
Atemsturm hebt hoch die Brust.
Schreit vor Lust.

Fels um Fels türmt sich hoch.
Blaue Nacht hockt tief im Tal.
Tal, was ist das? Tal ist Qual.
Über Klippen frei zu tanzen,
Mit Gedanken scharf wie Lanzen!
Ohne Dünkel, ohne Orden,
Ohne Beifall von den Horden,
Ohne Garden, geile Kluge
Und im steilen Adlerfluge.
Ist es Nacht, so ist's nicht hockend,
Stinkend, schnarchend voller Wacht:
Ist es Nacht, so ist es lockend,
Wie die Weisheit, wenn sie lacht.

Stürmt der Schnee auch über Klippen,
Blüht ein Lachen aus den Lippen.
Lacht er über blöde Spiele?
Lacht er über Tales Ziele?
Lacht mit der Musik der Sterne,
Lacht mit seines Herzens Dröhnen.
Lacht mit seiner Muskel Eisen,
Nicht mit kleinen Muttersöhnen.

Tanzend, lachend eilt er weiter,
Weiter, weiter, weiter, weiter,
Über Schluchten, schlau und schwarz.
Hinter ihm die gelben Buben,
Hinter ihm die Rächer.

Denen unten ist nicht bange.
Scheuet einer den da droben,
Scheuen hundert aber nicht.
Väter, Mütter, Pfäfflein, Tanten,
Büttel, Richter, Henker, Tod,
Alle, die sich heilig nannten,
Alle rennen hoffnungsrot.
Eifernd, greifend,
Suchend, fluchend,
Stets in Masse, laut und wach,
Stürzen sie dem Stürmer nach.
Fällt der eine, ist's ein andrer.
Aus den Häusern flutet bergwärts.
Kreuz und Sense, Strick und Messer,
Wie die Herden voller Hast,
Heiser schreiend, drängend, weisend,
Und mit hocherhobnen Händen
Wollen sie den Flüchtling wenden.

Rächen, rächen! ist ihr Loswort.
Schinden, schinden! Die Parole.
Denkt des Schicksals unserer Staaten!
Er verwüstet unsre Saaten,
Die wir mühevoll bebauen.
Denkt der Töchter, denkt der Frauen!
Gärt und brodelt es im Hauf':
Denkt an sie und unsren Lauf!
Holt ihn, fangt ihn! Hängt ihn auf!

Baumhoch wächst des Bergs Gestalt,
Hebt sich himmelwärts empor,
Faustgleich aus den Trümmern hoch.
Hat ein Riese ihn gemeißelt?
Ist's ein Ries' nicht selbst,
Der gebückt hier schläft und spinnt?
Wird er jäh sich nicht erheben,
Seine Schultern zu den Sternen,
Seine Stirne in das Nichts?
Wird er gähnend nicht zerschmettern,
Was auf seinem Leib sich regt?

Braucht die Nacht ihn, weil sie rufet?
Ruft das Nichts ihn, weil er flieht?
Flieht er? Tanzt er? Spielt er? Was?
Fest gepreßt an das Gemäuer,
Prüft er tastend jeden Stein.
Zwingt er, trutzt dem Ungeheuer.
Trunken, trunken muß er sein.

Felsen hageln unter seinen Füßen,
Wasser brennt ihm das Gesicht,
Bluten Hände, brechen Nägel,
Fetzt das Kleid, er acht' es nicht.
Sicher weiß er jetzt zu nützen
Ritzen, Spalten, Arm und Fuß.
Durch Kamine, enge Schluchten,
Über Kare, Eis, Geröll
Fliegt sein Leib.

Sieger, Sieger bin ich, Sieger!
Bin ein Über-Schluchten-Flieger!
Klopft sein Herz? Es wird nicht springen!
Keucht sein Atem? Schwindelt ihn?
Hör' ich jetzt der Sterne Singen?
Fass' ich jetzt der Sonne Sinn?

Auge zielt auf Klippen, Kanten,
Tanzet über steile Dächer.
Unten wo, verloren weit,
Hockt der Glühwurm dunkler Städte.

Jene unten sind nicht müßig,
Rot und gelb ist ihr Gesicht.
Und im Nacken sitzt die Nacht.
Tausend sind sie schon geworden,
Aus dem Boden wachsen sie.
Mögen nimmer ruhig hausen.
Näher, näher kommt das Brausen,
Hat erreicht des Felsens Plan,
Immer wilder kommt's heran.
Pfeilgleich wie aus Riesenbogen,
Wie der Brandung helle Wogen,
Wie die sturmgepeitschte Gischt,
Wie die Sturmwolk' Sterne lischt,
Stürzen sie dem Stürmer nach.

Ersten drohn schon: In die Knie!
In die Knie, du starker Ritter!
In die Knie, du eitler Spötter!
In die Knie, du Mädchenschänder!
Helfen dir jetzt deine Götter?
Aus den Himmeln fielen sie.
Nieder! Wüster, in die Knie!

Weiter kann er nicht mehr fliegen,
Denn die Erde ist zu End'.
Auf dem Gipfel steht er.
Da durchbricht sein: "Halt!" das Schreien,
Wie der Blitz zerzaust er Wolken.
"Einer ist's, der hier gebietet."
Hell erhebt er seine Stimme.
Unten brüllt verwirrt der Chor.
Alles hebt sich aus den Brüsten,
Was schon lange schäumend gor.

Tritt ein Schwarzer aus der Menge,
Ernst und würdig im Talar,
Hebt den Kopf zum ew'gen Spötter,
Grau und fliegend seine Haar'.
Und mit Groll in seiner Stimme
Spricht er jetzt mit scharfer Stimme:
So schweig! Sein Lachen steigt.
"Halt? Wer rief das? Riefst es du?"

Und bricht sich bröckelnd im Gemäuer.
Doch der Alte wettert weiter:
"Sieh dich um in weitem Kreise,
Siehst Gesichter, heiß und rein!"
Seine Fratze: "Rein? Rein?"
"Niedersteig! Ich fordre's! Volkes Sitte,
Volkes Ruh' hast du verletzt.

Dreifach klag' ich dich im Namen
Meines Staats und dieser hier.
Mord und Aufruhr, Schändung!
Stell dich, Mensch!"
"Ich dir, alter Richterschächer?
Andres wüßt' ich da zu tun.
Schweig, du alter Glückszerbrecher!
Schweig, du Herz, wo Raben ruhn!
Schreie, schrei in feilem Eifer.
Wisch dir ab dein loses Maul,
Sonst verrät dein weißer Geifer
Wie's im Innern bös und faul!
Heb die Hand, und sie verdorrt.
Schreist du? Schwörest du nie falsch?"

Dürr und weiß zerfällt ein Arm.

Springt empor: Zurück!
Nur zurück ihr schlanken Greise,
Hehler, Heuchler, Pack!
Greift euch an die falschen Haare,
Zwickt euch ins wattierte Bein,
Zählt am Bauche eure Jahre,
Laßt mich hier, nur hier allein!
Wetzt euch eure falschen Zähne,
Wo ihr wollt, doch nicht an mir.

Wimmert wo, fall' eure Träne,
Heult euch aus, doch nur nicht hier.
Soll ich eure Rücken glätten?
Ist euch das Gehirn erstickt?
Sollt euch über Klippen betten,
Daß das Licht ihr endlich blickt!
Soll ich eure Herzen schmieden,
Feuer: Sonne, Amboß: Mut?
Nehm' euch heisren Fettesfrieden,
Jag' euch Krieg und Kampf ins Blut.
Kehrt zurück in eure Löcher,
Wartet, bis die Sterne fliehn.
Sauft euch voll, spuckt in den Becher,
Traut euch nicht und werft euch hin!
Werft euch hin den goldnen Leibern,
Martert euch und freßt den Staub!
Seht Maschinen in den Weibern,
Vermehrt euch selig, mit Verlaub!
Geht nach Haus, ihr Tugendschwänze,
Bratet euren Hintern aus!
Laßt mich! Laßt mir meine Tänze.
Geht! So geht, ach, geht nach Haus!

Sie weichen zurück. Schweigen brütet.
Im Osten dämmert der Morgen.
Wolkenfetzen
Schlingen sich um die bebenden Leiber.
Glieder zittern.

Noch steht er
Und ist Brennpunkt.
Aber die unten?
Die ersten gehemmt und erschreckt,
Sehen mit harten Gesichtern hinab.
Der Dolch fällt aus den Gewändern und klirrt.

Da zittert eine Stimme
Voll leiser Begierde und tiefer Angst
Von irgendwo her:
"Öffnet die Gasse!"

Da dreht er sich um,
Steigt langsam wieder den Felsen hinab.
Geht sicher an drohenden Schluchten vorbei
Und achtet niemand, wer immer es sei.
Sein tänzelndes Schreiten fliegt über den Stein.
Es folgen die brennenden Blicke allein.
Ein Lächeln zieht um seines Mundes Zug,
Und wer erst die härtesten Fäuste trug,
Der läßt sie jetzt sinken.

Es bahnt sich von selbst eine Gass' durch den Hauf'.
Doch keiner rührt sich, keiner reibt auf.
Im Tale noch Grollen, im Osten schon Rot!
Er geht wie ein Herrscher! Er geht ohne Not.
Er geht wie der Mäher, er geht wie ein Gott.
Ein Lächeln am Munde, das Lächeln heißt Spott.
Das Lächeln heißt Ekel. Er sieht nicht zurück.
Er sieht nur gerade.

Hinter ihm fallen die Wangen ein,
Hinter ihm werden die Köpfe kahl,
Beine verbiegen sich,
Bäuche schwellen,
Heer niederer Stirnen glänzt,
Gewänder verfaulen und flattern nieder.
Lächerliche Nacktheit friert.
Jeder wird seiner Schwäche gewahr,
Andere sehen sie und lachen.
Was sie verdeckten, Jahr für Jahr,
Will ans Licht,
Quillt ans Licht.

Der ist ein Mörder,
Der ist ein Dieb,
Der ist ein Hehler,
Der ohne: Vergib!
Der trägt den Talar und verdient den Strick,
Der martert sein Weib und schlägt es im Rausch.
Dem hängt die Wollust aus frömmelndem Blick.

Langsam, wie die Träume wandeln,
Nähert er sich Schritt für Schritt.
Sie erbebt vor leiser Scheu.
Rot ist jetzt die Sonn' erschienen.

Keusch bei jedem Schritt.
Und sie stehn sich gegenüber.
O, wie flackert's in den Augen!
O, wie gärt es in den Herzen!
Langsam nimmt er ihre Hände.
Rot ist jetzt die Sonn' erschienen.

Küßt den Mund ihr, stumm und fest.
Und ihr Auge spricht von Dienen.
Rot ist jetzt die Sonn' erschienen,
Und der Tag beginnt sein Fest.

Hinter ihnen liegt der Zirkus,
Schande, Spott und Hohn und Qual.
Oben donnern die Lawinen.
Rot ist jetzt die Sonn' erschienen.
Schweigend stehn die zwei im Tal.

Trägt sie willig auf den Händen
Irgendwo ins Ferne hin.
Stummheit schlägt die stumpfe Menge.

Er befruchtet seine Erde.
Formt ihr Fleisch und gibt ihr Wünsche.
Läßt erglühen sie in Lüsten.
Macht aus ihrem Sein ein Werde.
Heizt in Sehnsucht sie und Pein.
Er befruchtet seine Erde,
Küßt sie dann und geht - - allein.

Und sie weckt die müß'gen Schläfer,
Schärft die Sensen ihnen wieder,
Drückt das Schwert in ihre Hände,
Lehrt sie heisre Aufruhrlieder.
Sie, die erst ihn noch umgeschlungen,
Heißt Verbrecher ihn und Würger,
Spricht auf einmal wilde Zungen.

Tobend hebt sie ihre Stimme,
Schleift sie neu zu neuem Grimme,
Jagt ihn zu den Sternen hoch.

Stürzend, tanzend rennt er weiter,
Über Brücken, Eis, Geröll,
Über Kanten, Kare, weiter,
Über Klippen, über Dächer
Und im Rücken blinde Rächer.

Und im Rücken Sturmes Scharen.
Und voran mit Fackelhaaren
Und mit gelben Schreckensmienen,
Der geliebte heil'ge Leib.

Rot ist jetzt die Sonn' erschienen.

Der große König

1933

Falber Mittag über der Landschaft, breit und ohne End',
Wohin überall der trockene Boden, die Flur sich hindehnt.
Starr sind die Bäume, die Blumen, die Halme, das Gras.
Staub wird die Erde. So ras' endlich, Donner, ras'!

Da bricht Singen und Psalmieren die Ruh',
Bald schlagen sich tiefe Stimmen dazu,
Und plötzlich, wie aus dem Innern der Erde,
Steigt sie herauf, eine fromme Herde.
Vorne eine blau-goldene Fahne schwingt,
Dahinter der Vorbeter seine Litaneien singt.
Sie tragen müd und verschwitzt ein heiliges Bild,
Aus Holz geschnitzt, mit Augen fest und schön,
Herrn Christus, geschmückt und erhöht,
Wie man ihn oft sieht von ihnen befleht,
Als König, als Herrscher von Himmel und Erd',
Vor dessen reinem Sinn wir gar nichts wert.
Und dahinter die Männer und Weiber,
Lauter abgezehrte, geschundene Leiber.
Leiernd sich die Lippen bewegen:
Sie flehen alle um einen fruchtbaren Regen.

Vor dem Marterl, auf welchem der Gekreuzigte hängt,
Bleiben sie stehen, müdegedrängt,
Stellen den strahlenden König nieder,
Beginnen zu beten, anheben die Lieder.

Und in die Versunkenheit plötzlich hinein
Glänzt ein überirdischer Schein,
Und der gekreuzigte Gott hebt die Hand
Vom Holze, an das er leidend gebannt.
Und all die frommen, ängstlichen Schafe
Sinken tief in ohnmächtigen Schlafe.
Nur ein ungläubig-lockrer Gesell
Bleibt auch da noch im Kopfe hell.
Doch wie er die gnädige Gebärde sieht,
Er sich heftig und reuvoll niederkniet.

Da öffnet der geschundene Gott den Mund
Und spricht: "König, wer bist du?"
Und der geschnitzte König dreht leise sein Haupt:
"Wer bist du, den ich längst tot geglaubt?
Die Milde, die ich am Kreuze gelassen?
Die Güte, die das Böse muß hassen?
Und was ich gewähnt längst überlebt,
Es sich nicht in dir aufs neue erhebt?"
Da lächelt der Gekreuzigte durch seine Schmerzen:
"Oh König, du glaubst mich auszumerzen,
Wenn der Haufe dich mit Gold umsäumt
Und von deiner Erdenherrschaft träumt?
Mit deinem Flitter glaubst du wirklich zu thronen
Und neben dem Vater im Himmel zu wohnen?
So wie ich das Wasser vom Feuer scheide,
Bist du mir fremd, solange ich leide."
Da höhnt der Erhabene ein wenig: "Du scherzt:
Ich weiß es nicht, was dich noch schmerzt.
Die Welt ist erlöst, die Kirche gegründet,
Die Herde bewacht, das Dogma begründet.
Und predigen nicht überall lichte Verkünder?
Was hängst du noch da wie ein armer Sünder?"

Da wird des Gekreuzigten Antlitz erhaben und düster.
Sein gütiges Reden wird jetzt zum Geflüster,
Als spräch' er mit sich: "Mein zweites Ich,
Stolz erhebt es sich gegen mich.
Wie lange muß ich in Qualen noch hängen?
Wie lange muß Entsetzen mich heiß noch bedrängen?
Oh König, steige statt meiner auf das Holz,
Überwinde deinen ohnmächtigen Stolz,
Dann wär' es geschehn, dann käme das Heil
Herab auf die Welt, die irr ist und geil.
Oh König, oh König, enthebe dich deiner,
Oh König, oh König, erbarme dich meiner!"
Der andere drauf: "Mein Werk ist getan, ich bin groß,
Man will mich nicht so sehen, so nackend und bloß."
Der hängende Gott dann: "Wann gehst du zu End',

Du ewige Stunde, die glühend mich brennt?"
Und hebet die Hand drauf und seufzt und wird Holz,
Der andre herrisch, voll Gold und voll Stolz.

Die Beter erwachen und bitten und flehn
Und schicken sich an, wieder weiterzugehn.
Vorne die blau-goldene Fahne schwingt,
Dahinter der Vorbeter seine Litaneien singt.
Sie tragen die königliche Last,
Vor ihrem Golde in Ehrfurcht erfaßt,
Und der Mittag brennt, und der Weg ist weit,
Trockenes Land verdorrt weit und breit.
Hinter einem fernen Hügelrain
Verschwinden sie - das Land ist allein.

Die Geschichte vom Männlein in der Gans

1981

Ein Männlein ging spazieren einmal
auf dem Dach der Stadt - so steht doch
das Männlein ist schnell das Dach ist schmal
gebt acht gebt acht es fällt noch
das Männlein hieß ei ei ei ei
auf meinem großen Osterei
von Öl von Blech von Smoke von Sil
und gilt soviel
trotzdem siehst du fällst vom Dach herunter
und bricht den Hals nicht oh technisches Wunder

unter dem Dach steht ein Wasserzuber
baut Kläranlagen, baut Kläranlagen
hinein fällt das Männlein nicht schlecht
baut Kläranlagen baut Kläranlagen
es macht sich naß über und über
und es geschieht ihm recht
wenn wir uns nicht schnell sputen
wird uns der eigene Dreck überfluten
das Männlein liegt noch behaglich drin
es kommt uns nichts in den Sinn
da kommt die Gans gelaufen
die wird das Männlein saufen

die Gans hat das Männlein hinabgeschluckt
welch ein Glück es ist weg
jeder Fleck
er ist weg
Glas und Pflicht
das zerbricht
und hinab schwappschwappschwapp
sie hat einen guten Magen
aber Männlein hat sie doch dann gedrückt
das will ich sagen
die Presse schreit so jämmerlich
da ist die Köchin ärgerlich
sie weiß es jetzt besser
und wetzt das Messer

die Köchin wetzt das Messer
ein Anatom
sonst schneidet's ja nicht
das Karzinom
die Gans die schreit
es wird ja nicht besser
wenn ihr auch stecht
mit Laserlicht
wir wollen alles nehmen und schlachten
zum Braten für unsere Weihnachten

Weihnachten kommt die Gans auf den Tisch
im Pfännlein
der Vater hebt sie raus und zerschneid't sie frisch
und das Männlein
und der Smoke und die Angst
und das Gift und das Sil
und Infarkt und Geplärr
und Beton ohne Ziel
wie die Gans ist zerschnitten
kriecht das Männlein aus der Mitten

da springt der Vater vom Stuhl auf
da wird der Stuhl leer
da setzt sich das Männlein drauf
und macht sich über die Gans her
er sagt du hast mich gefressen
jetzt will ich dich essen
und wachsen und breiten
in tiefen und weiten
und all eure Triften
die will ich vergiften
und all eure Weiden
die will ich verspeien
freßt mit ihr blödes Geschlecht
so ist's recht
alles Gute ins Lätzchen
sogar für die Kätzchen

nichts kriegt die Maus
das Märlein ist aus
was war denn das
Mathematikerspaß
ein Chemikerwitz
ein Traum vom Besitz
viel wissen macht Hohn
was weißt du denn schon
auf Neujahr lernst
du was
den Ernst

Elegien

1

Ein blaues Fest ist dieser Planet.
Für wen? Aber sag es! Für wen
ist diese Narrheit aller Inhalt
des neuen Lebens?
Für ein paar Geschäftige nur?
Woher und wohin? Ist Omega nur ein Buchstabe?
Doch los jetzt! Du bist dran!
Kein Zweifel mehr: Sie tritt ans Himmelstor,
zu ihren Armen hebt sie dich empor.
Heißt's Abschiednehmen oder Wiederfinden?
Ein Aufstieg in die Seligkeit?
Erst Leben noch, in die duftige Wolke gehüllt,
und jetzt den strengen Geschmack auf den Lippen.
Aus Formeln wurde ein blechernes Kleid,
und wie es fliegt!
In einem Gitter wird alles erfaßbar:
die Parabel, die göttliche,
wie ein Gedicht.

Natur, an deinen Brüsten saug' ich!
Das war einmal, vor Minuten. Was bleibt, ist Angst,
die man sich nicht eingesteht.
Ich sehe die Wolken jetzt unten.
Die Landschaft scheint zugeschneit.
O entschwundene Feuchtigkeit,
letztes Zeugnis des Lebens.
Die schwarze Sonne hier oben vergiftet
mit Strahlen aus ihrem Labor den Äther.

Da ist keine Gnade, da ist keine Heimat.
Die Frevler tummeln sich wild als kreisende Bälle herum,
aber nur Staubkörner sind sie
in der ewigen luftlosen Nacht.
Ich lächle über den Aberwitz.
Im Spiegel bin ich bleicher als sonst.
Die Tonhöhe des Triebwerkes
wird beruhigend registriert.

Das Duftwasser in der Toilette riecht irdisch.
Ich klopfe an die Hülle aus Metall:
Ein Jonas in dem gefüllten Bauch bin ich.

Mein Herz wird schneller, denn ich weiß,
wenn ich den Artefakt verließe,
erstarrte ich zu Eis und schwämme hinab,
ein gefrorener Trabant in Menschengestalt.
Und so fliegen wir.

Asiens Wüsten spielen mit uns,
ihre Windfinger sind grob
und lassen uns tanzen.
Unser Lächeln sieht seltsam geronnen aus.
Violett lag die Nacht noch
auf ihren versunkenen Tempeln.
Aber wenn jetzt das Licht dieses Land berührt,
und das stumpfe Braun anzündet, hält sich
der Gläubige unten die Ohren zu, der uns
sein Öl teuer verkauft.

Die ihr einst, ihr Kraniche, über den Archipelagos,
mit den Schnäbeln voraus,
Schicksal, Gesetz und Gericht verkündend,
düster im grauen Himmel hinflogt: Spartas Hirten
blickten ängstlich euch nach, hallte der Schrei
in der Luft.

Ja, die Kraniche
tummeln sich jetzt zu unseren Füßen.
Doch niemand, ja niemand beachtet das Zeichen.
Sie sind uns entglitten,
uns Engeln der Schwerkraft.

Nackte Menschenlarven liegen in der Sonne,
die kaum die trägen Augen öffnen,
denn der Bruder ist weit weg,
und er ist kein Sänger.

Dann wieder unten des Meeres gekräuselte Tiefe,
Ursprung und Ende all unserer Ahnen.
Aber langsam deckt dich die Pest,
die schleimige Ölpest, wenn das Blut
längst vergangner Verwesung
gierigen Händen entgleitet.

Über den Wolken schweben wir dann wieder,
Gebirg' um Gebirg' ziehen sie hin.
Aber der Himmel ist leer.
Ich sehe den Bärtigen nicht, der
darauf hinabschaut mit mildem Lächeln.

Wohin sind sie geflogen, die Geflügelten,
tausendmal gezeigt in Bild und in Stein,
wo sind sie hin? Oder war
alles nur Trug?
Wolkenberg nach Wolkenberg
zieht vorüber.
Ich werde müde
und schließe die Augen.

Auf einmal bin ich bei mir,
in einem Zimmer bin ich, das voll ist
von blechernem Kram.
Ich höre die Stimmen, die reden
wie Menschenmaschinen.
Wir sind gelandet.
Wenn ich aussteige, ärgere ich mich
über den Nachbar, wenn er mich anstößt.
Die Stiege von Bord kommt mir wie eine
Hühnerleiter vor.
Und unten wartet kein Engel mit einer Rose
auf mich.

2

Weise ist der Wanderer,
der seine Bürde ablegt nach und nach,
wenn er in die Jahre kommt.
Die Last ist ihm nichts mehr nütze.
Er sitzt lieber in seinem Lehnstuhl
und hört KV 595
- komm lieber Mai und mache -.
Er kann Briefe schreiben
an seine paar Freunde
und wandert leicht und stundenlang.
Er schaut in den Garten, wo
der erste Schnee liegt:
Schwarze Scherenschnitte sind die Bäume
oder Filigrangitter.
Er fühlt, wie die Harmonie dieser Musik
mit dem Himmel voll süßem Silberton
zusammenfließt
und seines Wesens Dankbarkeit.

Weise ist der Wanderer,
der seine Bürde ablegt,
ist der nur unnützes Zeug ist,
das er ein Leben lang getragen
unter Masken und Fratzen.
Damals gab es KV 595 nur mit halbem Ohr,
vor lauter Repäsentation.
Ein zarter Nachmittagshimmel rührte ihn nicht
zu Tränen.

Aber wo soll ich anfangen abzulegen?
Mit den Gedanken an Versäumtes,
gewürzt von dem Bittertrunk Reue?
Oder mit dem geliebten Wurstel,
der mich begleitet hat ein Leben lang, der
immer da war, wenn ich weinen wollte?
Ablegen ist leicht gesagt.

Soll ich meine Bücher herschenken
oder in den Abfallkübel werfen, meine erste zerlesene
Reclamausgabe der Gedichte Storms, weil doch die
ledergebundene Dünndruckausgabe im Kasten glänzt?
- es war als hätt die Nachtigall -.
Den Vers behalten oder vergessen,
oder gerade behalten und sonst nichts mehr
aufnehmen:
Ist das weise?

Oder soll ich die Geliebte vergessen,
deren Spur ich heute noch herumtrage
wie Narben?
Oder soll ich meine Freunde abschreiben, die mir
jeden Tag mit ihren Wehwehchen die Ohren vollquasseln,
der ich doch selber voller Angst bin
vor dem Ende?
Oder soll ich das Bild meiner Frau den Enkeln
überlassen:
Seht her, das war eure Großmama?

Oder soll ich aus meinem Haus in eine kleinere
Wohnung ziehen, damit ich mir den Schädel
einrenne, wenn ich nachts herumgeistere?

Die Weisheit läßt mich im Stich.
Ich bin ein Segelschiff, beladen mit herrlichem Kram,
unnützem Zeug, wie man sagt.
Es gibt keinen Hafen, wo ich die Fracht
löschen kann.
Ich ziehe hinaus in die weite See,
zu einem unbekannten Horizont,
bis ein Sturm meine Planken zerbricht.
"Viva la libertà"
steht auf dem Rettungsring,
der dann auf dem öligen Wasser
treiben wird.

3

Ich stehe in deinem Garten, als ob er der meine wäre,
und höre den Vögeln zu, als ob ich sie
im Winter gefüttert hätte, damit sie
dableiben und singen.
Ich löse die Früchte von den gepflegten Bäumen,
als ob du sie mir geschenkt hättest.

Du aber kannst nicht in deinem Garten herumgehen
und deine Früchte pflücken.
Du sitzt in irgendeinem Zimmer, das
ich dir bereitet habe, und starrst vor dich hin
mit halb erblindeten Augen.
Nur eine blasse Erinnerung geht manchmal noch
in einem Garten herum,
den es längst nicht mehr gibt für dich.
Du fährst mit der Hand über die Rinde
eines Apfelbaumes, wie du es früher gern
getan hast:
Aber es ist nur die Armstütze deines Lehnstuhls.

Die Schnecken werden lachen, denen du immer
nachgeeifert bist, und
die Ameisen.
Denn die Schnäbel der Vögel und
die Schnauzen der Igel sind
nicht überall
wie das Gift,
das du streutest, um das
beste Gemüse zu ernten.
Jetzt glaubst du oft, man hätte dir Gift
in die Augen gestreut, weil du so
schlecht siehst.
Und du bist schwach und wackelig und
spinnst manches Mal.

In einem lichten Augenblick,
als dein Bewußtsein aufgebrochen war,
sagtest du mir:
Es sei meine Rache, daß du hier
sitzen müßtest in dem verfluchten Heim, dem
verfluchten, wie in einem Gefängnis, ja,
eingesperrt seiest du, und du wissest auch warum:
Weil du mich
so früh als Kind noch in die Fremde
geschickt hättest, als Kind noch,
darum hätte ich dich gehaßt,
immer, immer, auch heute hasse ich dich noch,
und hätte dich
wie ein Stück Vieh, das nicht zurückkann,
und ich, ich
säße jetzt breit in deinem Garten, ich, ich
und nicht du, in deiner Heimat, die ...
Dabei stand sie auf, und ihre Hand hob sich,
wie um mich zu schlagen.
Aber dann fielen ihre bleiernen Augen wieder zurück
in die Stumpfheit wie in einen Krater, aus dem ich sie
nicht herausholen kann.

Ich werde die Bäume in ihrem Garten umschneiden lassen,
damit ich meine Ruhe habe,
und eine Planierraupe hinschicken.
Aber die könnte dann gleich über mein Hirn fahren.
Wenn das so leicht ginge.
Ich werde die Bäume in Ruhe lassen,
denn ich liebe meine Mutter.
Ja?

4

Im Sommer geboren,
im Winter erfroren:
ein junges Reh.
So müßte ich sagen, wenn du im Schnee stehst,
im frischen Schnee des November.
Du kannst dich jetzt nicht mehr an
die Flanken deiner Mutter drücken.
Du stehst mit deinen Läufen
in dem kalten Chaos.
Du verstehst das alles nicht mehr,
was um dich vorgeht,
und frierst und hast Angst
und Hunger.

Sentimentales Gewäsch und biologischer
Blödsinn,
(schaut auf die Menschen!)
sagen meine Freunde,
wenn ich immer wieder anfange,
von deiner Not zu reden.

Im finstern Wald bis zum Bauch im Schnee?
Was sei dabei?
Du könntest nicht reflektieren, sagen sie,
du stehst eben in deiner Not,
die du vorher nicht erahnt hast
und nachher wieder vergessen wirst.
Nur wir können uns fürchten vor dem,
was da kommt.

Mein liebes Reh, ist es
wirklich so?
Deine Sinnewelt ist in die gleiche Wellenlänge
eingespannt wie die unsere. Vielleicht hörst du
höhere Töne besser als wir und siehst weiter hinab
im Spektrum der Farben.

Aber wir sind in einen Fluß der Ereignisse
gebettet, und
das bißchen Erkenntnis von den äußeren Dingen,
das wir haben?
Es macht uns nicht besser, nein, nein.
Wir haben auch nicht gelernt,
euch zu verstehen.
Verzeiht uns daher: unsere Grausamkeit, unsere
Gedankenlosigkeit und Habgier und alles Tun
ohne Liebe.
Seht uns das gnädig nach.
Bald vielleicht deckt auch uns
ein anderer Sturm zu.

5

Ich sitze über der Weltformel, die ich aufstellen will,
nur eine einfache Gleichung,
die alles löst, trotz der vielen Unbekannten.
Man wüßte dann: woher das Leben kommt,
wohin das Leben geht,
ob es die Neutronen und die Quarks noch immer
so weiter treiben,
und ob der Urknall nur ein Scherz war, und
warum es dich gar nicht gibt, obwohl du
vor mir stehst.
Das alles kann dann leicht errechnet werden,
wenn ich die Formel habe.
Aber ich bin nur ein armes Würstchen
und war in der Algebra immer schon schwach.
Es könnte mir ja egal sein, wie die
Welt funktioniert:
Ich habe zu essen und mir ist nicht kalt.
Ich fühle, was gut ist, und sehe, was schön ist.
Das Schlechte vergesse ich leicht,
wie ich die Armen und Kranken leicht verdränge.
Was brauch' ich schon eine Weltformel,
ich Narr?

Und doch:
Vielleicht könnte sie mir helfen.
Ich habe schon gelernt, ja, ja, dem, was ich sehe,
zu mißtrauen, und das, was mich ängstigt,
in einen Keller zu sperren,
in eine untere Lade, und nicht zu hören.
Aber ich schaffe es nicht.
Da gab es eine Curie mit ihrem komischen Radium
- mein Hosenboden drückte noch die Schulbank -,
und der Einstein war da,
der damals noch als Spinner galt
in gewissen Kreisen,
wie der jüdische Galanteriehändler nebenan.

Mein so schon gefügtes Weltbild, das aussah
wie ein altes Haus, begann zu wackeln.
Aber ich habe noch geglaubt: Eisen und Holz seien hart,
man könne schlagen damit,
und Wasser könne man wegwischen,
weil es eben Wasser sei.
Wir haben alles so genommen,
wie wir es gesehen haben:
den roten Abend, die süße Brust des Geliebten,
die eigene feingegliederte Hand -
Und Gott saß darüber, als guter oder böser Chef
dieser Schöpfung, oder er schlief oder
er war gerade nicht da.
Aber so ist es heute nicht mehr für mich.
Wir haben hinter die Kulissen gesehen.
Der Pflug des Verstandes hat alles umgerissen.
Die schöne Welt ist wie ein Kartenhaus zusammengefallen.
Sie hat sich reduziert, wie man sagt.
Aber woher sollen wir dann die Liebe nehmen?

Liebe?
Liebe ist nur eine chemische Reaktion.
Man kennt sogar die Formel,
nach der sie funktioniert.
Appetit ist nur ein Überschuß der Fermente,
Genie nur ein außergewöhnlicher
Zusammenbau der grauen Zellen, in denen
selbst eine Kette verschlüsselter Zeichen lauert.
Der Krieg ist vorprogrammiert,
damit wir uns nicht zu stark vermehren und
die Natur zerstören - ha ha! Und
die Zeit ein Gehäuse, das wir uns selbst
geschaffen haben.
Zwischen Galaxis und Atom
ist alles nur Einbildung oder Mathematik.

So also kann ich die Liebe an den Nagel hängen,
muß rechnen lernen
und sitze hier über der Weltformel.
Aber ich bin nur ein armes Würstchen.
Auf der einen Seite der Gleichung steht die Welt -
und auf der andren Seite? Gott?
Er läßt sich nicht nachrechnen,
weil die Rechnung selbst Gott ist.

Ach wär' ich noch ein Kind!

6

Ich klage über das luftigste aller Dinge,
das uns Burgen baut in den Abendhimmel,
nach dem der Landmann Ausschau hält,
wenn der Wind den Staub aufwirbelt
über seinen Feldern,
vor dem sich die Menschen ducken,
wenn es dunkel, mit drohendem Gesicht,
auf uns niederschaut:
herrliche Begleiterin unseres Lebens,
seit Menschen sind und schon
eher als wir.
Wolke.

Von Strom und Meer bringt sie die Schauer her,
die durstigen Blumen zu tränken;
ihr leichter Schatten will über den Matten
zur Mittagsglut sich auf die Blätter senken.
Aus ihren Schwingen schüttelt sie den Tau,
indes die Knospen zur Ruhe gehn
an der Brust der Erdenmutter, die weiter
will ihren Tanz um die Sonne drehn.
Wenn sie mit ihrem blitzenden Flegel
die Flur mit peitschendem Hagel drischt
und das Weiß auf die Ebenen schüttet - warum?
Warum verzeiht sie uns wie ehedem? Verzeiht,
wenn sie uns mit ihrem Regen die Wunden leckt.
Liegen konnten wir auf der Sommerwiese
und die Bausteine unseres Kinderhimmels sehn.
Sie hat uns die Füße gewaschen, wenn ihr Guß
von den Dächern stürzte.
Laß uns nicht ängstlich sein.

Bruder Baum -
welche Heuchellist nennt dich heute so,
weil es Mode ist bei uns.
Bruder Baum, du zitterst,
wenn sie am Horizont auftaucht
mit dem gewaltigen Gebirge aus Dampf und Eis,
der du ihr einst deine Zweige entgegengestreckt hast,
lechzend nach ihrem Naß -
Heute wird sie Gift auf die schütten,
und du kannst dich nicht wehren,
du kannst nicht davonrennen
oder dich in die Erde verkriechen, du mußt deine Zweige
hinhalten, schutzlos -
Bald wirst du dein Bettlergewand anziehen
und sterben, weil sie dich küßte.

Die weißen Zwerge, die sich
göttergleich dünken, weil
Mathematik und Profit auf demselben Brett liegen
und sie sich ein Robotergeschlecht züchteten.
Sie schlüpfen in das lackierte Blech-Chitin,
wie Käfer kriechen sie über die Landschaft.
Aus ihren Röhrenärschen kracht das Gift empor,
Stunde für Stunde, Jahr für Jahr,
zur Wolke, zur heiligen Wolke empor.
Warum haben sie seit Otto nichts Besseres erdacht,
wenn sie sich schon selber entfliehen wollen,
die blitzgescheiten Monderoberer?

Und die Nadeln ihrer verfluchten Schlote
tragen das Gift in den Himmel, der uns nährt, näßt
und schützt
vor den schwarzen Strahlen aus dem All.
Vergeudung der Kraft,
für Rüstung und Firlefanz!
Für den brauchbaren Rest
tät' es die Kraft aus der reinen Wolke auch.
Mit Fingern werden sie auf uns zeigen
und singen:
Wer hat dich du schöner Wald ...

Wolke, du Tochter der Erde und des Wassers,
Pflegekind des Himmels du:
Was ist aus dir geworden?
Aus den Wäldern und
den Bronchien unserer Kinder?
Die Ruchlosen hören nicht auf
und nennen es Wirtschaftssystem.
Ihre Diener sitzen in den Parlamenten.

In dieser Elegie wurden einige Zeilen aus dem Gedicht "The Cloud" von Shelley verwendet.

7

Wie ein Kind auf ein Feuerwerk wartet,
voll Ungeduld im Herzen und tausend Fragen
auf den Lippen:
So warte ich heute auf den Mond ...
Ich bin aus der Stadt geflohen
und wohne jetzt in einem kleinen
Wirtshaus im Wald.
Die Kimme im Kamm des Berges färbt sich,
rostig zuerst, aber dann beginnt der
Himmel in Messingfluß zu schmelzen.

Doch es dauert so lang,
und die Ungeduld wächst -
Jetzt - jetzt - jetzt
kommt er heraus aus dem Wald
mit seinem vertrauten Gesicht!
Aber er rollt noch
unsichtbar unter der Kuppe herum,
bevor er sich entschließt.

Ich schließe meine Augen eine Weile.
Als ich sie wieder öffne: ja?
Es ist heller geworden. Wirklich,
oder Täuschung?
Die Lider werden schwer in dieser samtenen Nacht,
und der Wind streift kühler über meinen Rücken.
Ich sage mir:
Was ist schon ein Mondaufgang? Was ist er heute?
Ich überlege, schlafen zu gehen in mein nüchternes
Fremdenbett mit der schweren Tuchent.
Ich lächle über meine Aufregung.

Dann packt mich das Ereignis ganz:
Erst nur ein starker Stern,
der wird immer größer - dann:
Schauder überfällt mich,

mich, den Unzeitgemäßen,
tritt er aus dem Dunkel des Bergrückens herauf,
leuchtend,
und blendet wie ein feuriger Pilz.

Die vielen Worte für ein natürliches Ereignis.
Das hat Claudius besser gekonnt
und so herrlich eingepackt in Stimmung:
- der Mond ist aufgegangen -
Aber ein Mondlied heute? Lächerlich!

Ein kurzer Blick hinauf:
Da warma oben!
Aber selbst das ist kein Wunder mehr.
Er soll sich nur hüten, daß er im
kommenden Schlachtfeld nicht
sein Gesicht verliert.
Könnte der Mann im Monde nicht einmal
herunterspucken auf diese undankbare Welt? Oder
er könnte einmal sein Licht verlieren,
das er ohnehin nur geborgt hat, sodaß die Liebespaare
sich im Wald verirren,
soferne sie es dort machen
und nicht in der U-Bahn.
Aber dann ließe man einfach einen Sputnik los, montierte
viele Scheinwerfer,
die man beliebig an- und abschalten kann,
um die Phasen zu simulieren.
Erlaß uns diese Strafen
und laß uns ruhig schlafen
und unsern roten Nachbarn auch.

8

Vater, ich rufe dich!
Ich rufe dich herauf aus der einsamen Nacht.
Nicht an dein Grab tret' ich,
wo alle Blumen verdorren
und der Stein nicht einmal sagt,
wann du gelebt hast.
Aus meinem Lebensabgrund
flehe ich zu dir,
ich Gesättigter, Arrivierter,
ich alter Mann:
Zukomme uns dein Reich, gib uns
deinen Glauben an die Menschen, deine Hoffnung
auf Gerechtigkeit und
auf eine Welt ohne Klassen,
ohne Geld und
ohne Teufelsfurcht, in der jeder
nur hat, was er braucht.

Wir stehen in der Mitte eines blühenden Teppichs,
an dem Generationen gearbeitet haben,
wir, denen es gut geht.
Aber seine Ränder sind schmutzig,
angenagt von den Ratten der Not und
des Hungers, verdreckt vor käuflicher Unmoral,
angespien vom Laster des Wohlstands,
vertrocknet von denen, die draußen
stehn ohne Arbeit.

Wir drängen uns zusammen
auf dem kleinen Feld,
das uns bleibt in der Mitte,
und sehen uns nur selber ins Gesicht, und
unsere Hände finden sich im schlechten Gewissen.

Da ich ein Kind war, zeigtest du mir das Bild,
auf dem, rund um den Erdball,
Menschen sich die Hände reichen, weiße, schwarze, gelbe:
Ich verstand doch schon.
Ich hatte deinen Glauben in mir,
daß jeder Hammer seinen Amboß hat, und
nicht an das zwielichte Jenseits
mit Höll' und Teufel,
das unseren Blick wegbiegen soll
vom Rand des Teppichs und von den
Hämmern in kraftlosen Händen.
So predigtest du oft an Sonntagen
auf dem Hügel oberhalb der Fabrik.

Aber an diesen Rändern sind sie heute:
die Süchtigen,
die geschlagenen Frauen,
die verstoßenen Alten,
die verhungernden Kinder,
die Fliehenden vor der Kriegsfurie, die Indios, die
am Hungertuch der Weltbankweisheit nagen.
Brotkrumen schicken wir ihnen, die oft genug
gierige Vögel vorher auffressen.
Dort sind sie,
die Verbannten, Verschickten, Eingekerkerten.
Wir hören ihre Schreie wie einen
Western im Fernsehen.
Aber wir?
Wir stehen auf des Teppichs Mitte.
Wir schließen uns mit den eigenen Händen
zusammen. Ein fester Ring
ist das noch.

Vater, ich rufe dich!
Hilf deinem verstockten Sohn,
gib ihm dein Reich,
deinen Glauben an die Menschen,
an die Gerechtigkeit für alle, daß wir
teilen lernen und im Geiste
arm sind.
Vater, ich rufe dich!
Aber die Schlacht ist vorbei,
und wir sind verloren,
und du bist schon lange tot.

9

Ich weiß, daß mein Weg von den Hügeln
des Lebens abwärts geht. Meine Freundin Zeit
tropft längst diese Weisheit mir ins Ohr.

Die Städte, die ich durchschreite, sind
noch glänzend. Hier habe ich
meine Feste gefeiert.
Die Gäste bleiben langsam aus, und
der Wein wird auch nicht besser.
Eingesunkene Gräber in kleinen Friedhöfen:
Was? Der ist auch schon so lange tot?
Und die erwachsenen Kinder
kennen mich nicht mehr,
auch wenn sie grüßen und sagen:
Ich war klein, als Sie -
Ich blicke selten zurück auf die Städte,
die Hand vor der schiefen Sonne.
Dann aber scheinen sie
seltsam zerfallen und grau und
ohne Leben.

Ein Hund bleibt zurück und wittert mir nach
und dreht sich dann gelangweilt um. Mein Hund
ist das nicht. Aber wessen -?
Ein fahler Duft ist um mich. Ich
weiß nicht von wo.
Ich springe noch über die Gräben und singe
und zögere bei molestam senectutem.

Einsam wird der Weg und oft ohne Sonne.
Aber die Sicht ist klarer, und die Ruhe tut mir wohl.

Ich bleibe stehen und raste.
So kann nicht hinabgehen,
der soviel gesehen und den
soviel erschreckt hat.
Rühmen, das ist's:
Kompaß sein in einer wüsten Welt,
das ist des Dichters.
Was sonst?

Rühmen ist verdächtig
in diesen Tagen.
So bin ich ein Verdächtiger.
Aber ruhmlos die Welt sehen,
niemandem die Früchte durchs Tor
des Todes reichen?
Die Himmel rühmen! Wen?
Ich bekomme den bittren Gallton
nicht von den Lippen,
wenn von den Göttern der Schatten fällt auf
die Fratzen von Führern und Fürsten,
die Hände in Blut getaucht.
Rühmen? Und unseren Nachgeborenen sagen:
Seht, euer Ebenbild,
die bronzenen Gnome, wie sie über
unsere Plätze reiten, und zu wem
steigen die Weihrauchwolken
als zur eigenen Mitra?
Rühmen die Lebenden?
Ein Blinzeln im Auge des Tyrannen,
das Klingen der Münzen,
das Rülpsen nach einem allzu fetten Mahl:
des Rühmens Preis?
Verdächtig ist das Rühmen geworden,
seine Trompeten sind zu viele und zu laut.
Den Ruhm spart euch auf
für eure Welt, die kommt.
Setzt auf euer Haupt den Kranz,
ihr Besudelten vom Untergang durch uns,

aber rein noch,
von Treuebruch und Mordlust zu erlösen
seid ihr gezeugt von uns Ruchlosen.
Heilige Jugend, die ihr starbt,
noch lichtumgürtet voll Hoffnung,
auch wenn Kugel und Schafott euer war.
Rühmen, das ist's: die Weiße Rose
und die Mütter,
die ein anderes Geschlecht gebären.
Ihnen halt' ich den Kranz,
auch wenn er in meiner Hand
verdorrt.

Da unten liegt der Strom.
Ich sehe ihn von weitem.
Er nimmt alles auf,
auch das Gift unseres neuen Lebens,
denn er ist groß ...
Und das Meer, das ihn umarmt,
ist unendlich.

Über den Wassern kreist das ewige Schicksal.
Was wir sind, wissen wir nicht, auch nicht,
wo wir hingehn.
Nur das Zittern eines unendlichen Äthers
ist diese Welt,
ein Bild, solange wir sind.
Zuletzt rühm' ich das Leben:
sein Ebenbild, das er uns gab.

INHALTSVERZEICHNIS

Abkürzungen:

V 34 =	Entstehungszeit	1930-33
V 45 =		1934-45
N 45 =		1945-70
N 70 =		1970-88
D =	das Gedicht wurde bereits veröffentlicht	